河出文庫

# フーコー

G・ドゥルーズ
宇野邦一 訳

kawade bunko

河出書房新社

# フーコー

# 前書き

この本は、比較的独立した六つの論文からなっている。最初の二つは、『クリティック』誌、二七四号と三四三号に、すでに発表したものである。ここでは、この二論文は変更され、増補されて、おさめられている。〔訳者――『クリティック』に発表された二つのテキストは、蓮實重彦訳『フーコーそして／あるいはドゥルーズ』（小沢書店）に「新たなるアルシヴィスト」として、また『エピステーメー』一九七八年一月号に、田村俶訳「著述家ではなく、新しい地図作製者」として、それぞれ収録されている。いずれのテキストも、この本の一部として、相当書き改められている。〕

〔訳者――原書でこの後、ドゥルーズは、註を簡略化するため、フーコーの著作を略号化して、そのリストを掲載している。この邦訳では、原註がフーコーの著作に触れている場合は、著作名のみをあげて簡略化した。そこで、同じリストを次にかかげ、邦訳のあるものについては、それもかかげることにする。原註には、原文の頁数に加えて、〔　〕内に邦訳の頁数を記した。ただし、本文中のフーコーからの引用文は、私訳によった場合が多い。〕

*Histoire de la folie à l'âge classique*, Plon, 1961, puis Gallimard.（頁数はガリマール版によっている）
『狂気の歴史――古典主義時代における』田村俶訳、新潮社。

*Raymond Roussel*, Gallimard, 1963.『レーモン・ルーセル』豊崎光一訳、法政大学出版局。

*Naissance de la clinique*, P.U.F., 1963.『臨床医学の誕生』神谷美恵子訳、みすず書房。

*Les mots et les choses*, Gallimard, 1966.『言葉と物』渡辺一民、佐々木明訳、新潮社。

"La pensée du dehors", *Critique*, juin, 1966.「外の思考」豊崎光一訳、『ミシェル・フーコー思考集成Ⅱ』筑摩書房。

*L'archéologie du savoir*, Gallimard, 1969.『知の考古学』中村雄二郎訳、河出書房新社。

"Qu'est-ce qu'un auteur?", *Bulletin de la Société française de philosophie*, 1969.「作者とは何か」清水徹・根本美作子訳、『ミシェル・フーコー思考集成Ⅲ』筑摩書房。

Préface *à La grammaire logique de* Jean-Pierre Brisset, Tchou, 1970.「ジャン・ピエール・ブリッセ『論理文法』への序文」(「第七天使をめぐる七言」) 豊崎光一、清水正訳、『ミシェル・フーコー思考集成Ⅲ』筑摩書房)。

*L'ordre du discours*, Gallimard, 1971.『言語表現の秩序』中村雄二郎訳、河出書房新社。

"Nietzsche, la généalogie, l、histoire", in *Hommage à Jean Hyppolite*, P.U.F., 1971.「ニーチェ、系譜学、歴史」伊藤晃訳、『ミシェル・フーコー思考集成Ⅳ』筑摩書房。

*Ceci n'est pas une pipe*, Fata Morgana, 1973.『これはパイプではない』豊崎光一、清水正訳、哲学書房。

*Moi Pierre Rivière...*, Gallimard-Julliard, 1973.『ピエール・リヴィエールの犯罪』フーコー編、岸田秀、久米博訳、河出書房新社。

*Surveiller et punir*, Gallimard, 1975.『監獄の誕生』田村俶訳、新潮社。

*La volonté de savoir* (Histoire de la sexualité I), Gallimard, 1976.『知への意志』（性の歴史Ⅰ）渡辺守章訳、新潮社。

"La vie des hommes infâmes", *Les cahiers du chemin*, 1977.「汚辱に塗れた人々の生」丹生谷貴志訳、『ミシェル・フーコー思考集成Ⅵ』筑摩書房。

*L'usage des plaisirs* (Histoire de la sexualité II), Gallimard, 1984.『快楽の活用』（性の歴史Ⅱ）田村俶訳、新潮社。

*Le souci de soi* (Histoire de la sexualité III), Gallimard, 1984.『自己への配慮』（性の歴史Ⅲ）田村俶訳、新潮社。

# 古文書《アルシーヴ》からダイアグラムへ

# 新しい古文書学者（『知の考古学』）

新しい古文書学者が町に任命されてきた。しかし、ほんとうに任命されたといえるだろうか。むしろ、彼はじぶんの方針にしたがってふるまっているだけではないだろうか。彼は一つのテクノロジーの代弁者、構造主義的なテクノクラートの新しい代弁者である、と憎しみをこめて言うものがある。また、じぶんの愚かなお喋りを気のきいた洒落と勘違いして、この男はヒットラーの回し者、あるいはとにかく人権をおびやかしている、と言うものもある（彼が「人間の死」を宣言したことが、彼らには許せないのだ）(1)。また、彼はどんな権威あるテキストにも頼ろうとはせず、ほとんど大哲学者を引用することもないペテン師だ、と言うものもある。これとは逆に、何か新しいもの、根本的に新しいものが哲学のなかに生まれ、その著作は決して自分では望まない美しさを備えている、と言うものもあるのだ。まるで祝祭の朝のように。

いずれにしても、すべてはゴーゴリの物語のように始まる（カフカよりもはるかにゴーゴリのように）。新しい古文書学者は、これからは言表《エノンセ》だけを問題にする、と告げる。彼は、以前の古文書学者が様々な仕方で配慮してきたもの、つまり命題と文にはもう関知しない。たがいに重なりあう命題の垂直的な序列も、一つ一つの文を他の文に呼応させる側面性も彼は無視することになる。つねに動きながら、彼は一種の斜線の上に身をおき、この斜線は、私たちがそれまで把握できなかったもの、まさに言表を解読可能なものにするのだ。これは無調的な論理とでも、呼べばいいだろうか。私たちが動揺するのは当然である。この古文書学者は、わざと例を示さないからだ。彼はついこの間まで、ほんとうはいつも例を示してきたと思う。たとえ彼自身そのときは、それが例であったとは気づかなかったにしても。いま彼が分析する唯一の形式的な例は、むしろ人を動揺させるためにわざと示される。それは、私が偶然にしるす、あるいはタイプライターのキーに並んでいる通りに書き写す一連の文字である。「タイプライターのキーは言表ではない。だが、タイプの教則本に列挙された同じ文字の列、A、Z、E、R、Tは、フランス語のタイプライターに採用されたアルファベットの秩序の言表である」[2]。このような多様体は、言語学的にみてどんな規則的構築ももたない。にもかかわらずそれは言表なのである。Azert？　他の古文書学者に慣れてしまった人々は、このような条件において、いったいそれがどうして言表を生み出すことができるのか、不思議に思うのだ。

ましてや、フーコーは、言表は本質的に、稀少なものであると説明している。事実上稀少であるだけでなく、理論上も稀少なのだ。言表は、ある稀少性の法則、効果と切り離すことができない。このことは、言表を命題と文に対立させる特性の一つでさえある。なぜなら、命題はそのタイプ別にしたがって、ある命題を他の命題の「上」におきながら表現できた分だけ、望みどおりに把握することができる。そして、形式化はこのようなものとして、可能性と現実性を区別する必要などなく、可能な命題を増やしていくだけでいい。現実に言われる事柄については、その事実上の稀少性は、ある文が他の文を否定し、他の文を阻害し、これに反発し、これを抑止するところから

原註

（ただし〔　〕の中は邦訳書のページ数、および邦訳タイトル、書名などを示す。）

（1）『言葉と物』が発表された後、ある精神分析学者が、この本を『わが闘争』に近づけて長々とした分析を試みた。最近では、フーコーが人権に反対しているとみなす人々によって、これは受け継がれている……。

（2）『知の考古学』一一四〔一三〇〕。

くるのである。したがって、おのおのの文はやはり、この文が言わないことのすべて、仮想的、潜在的内容をはらんでいる。このような内容は、ある「隠された言説」、理論上の真の富を形成しながら、意味を増殖し、自らを解釈に委ねるのである。命題の弁証法は、たとえ、矛盾を乗り超え、あるいは深化するためであろうと、いつも矛盾に従属する。文のタイプ分けは抽象に従属し、この抽象は、それぞれの水準で上位のタイプをその諸要素に対応させる。しかし矛盾と抽象は、いつも一つの文を別の文に対立させ、つねに一つの命題を別の命題の上に形成する可能性であり、文や命題の増殖の方式なのである。これに対して、言表はある稀少性の空間と切り離すことができない。言表はこの空間で、節約や不足の原理にしたがって配分されるのである。言表の領域には可能性も潜在性もない。そこではすべてが現実であり、現実のすべてがそこに現われている。あるとき、ある欠落、ある空白をともなって、そこに表明されたものだけが重要である。それでも確かに言表は対立しあい、様々な水準に階層化されることがある。しかし、二つの章でフーコーは、言表の様々な矛盾が、稀少性の空間のなかの測定可能な実定的距離によってのみ存在すること、また言表の様々な比較は、ある動的な斜線に関わることを厳密に示している。この斜線によって、そのような空間で同一の集合が異なる水準に直接対面することが可能になり、しかもまた、同一水準においていくつかの集合を直接選択し、その集合の一部をなしている（そして他の斜線を想定する）他の集合を無視することも可能になるのである。[3] この稀少な空間が、これらの運動、これらの転送、これらの異例な次元と切断を存在させ、また「空隙の多い、むらの多い形態」を存在させるので、そのため、言表に関しては、実にわずかなことだけが言われるだけでなく、実に「わずかなことだけが、言われうる」[4] ことに、私たちは驚くことになる。否定とは何の関係もなく、逆に言表に固有の「実定性」を形成するこのような稀少性あるいは分散の要素によって論理学が書きかえられるなら、いったいどんな結果がもたらされるだろうか。

しかし、フーコーにはもうちょっと安心させてくれる面もある。もし、言表が稀少であり、本質的に稀少であるなら、言表を生み出すために少しも独創性はいらないの

(3)『知の考古学』第四部、第三、四章。フーコーは、『言葉と物』では、同じ水準にある三つの形成、博物学・富の分析・一般文法に関心を向けていたが、別の形成（聖書の考証・修辞学・歴史学……）を考慮することも可能だったと、指摘している。「第一の組織網とは重なりあわないが、いくつかの点でこれと交錯する、間言説的な組織網を発見すること」（二〇八）〔二四一〕になったかもしれないと。

(4)『知の考古学』一五七〔一八四〕。

だ。ある言表は、いつもこれに対応する空間に配分される特異性の放射、あるいは特異点の放射をあらわしている。こういった空間そのものの形成と変形は、創造、始まり、措定といった用語では、よく表現できないトポロジックな問題を提起する。まして、問題となる空間において、特異点の放射が、始めて行なわれたものか、あるいは再開され、再生産されたものかどうかは、あまり大切なことではないのだ。重要なのは、言表の規則性である。一つの平均ではなく、一つの曲線が重要なのだ。実際、言表は、言表が前提とする特異性の放射と同じものではなく、隣りあう特異性を通過する曲線の様相であり、もっと一般的には、特異性が配分され再生産されるような領野の、様々な規則なのである。言表の規則性とはこのようなものである。「独創性と凡庸性との対立は、それゆえに有効なものではない。最初の定式化と、何年も何世紀も後にこれを、多かれ少なかれ正確に繰り返す文章とのあいだに〔考古学的な記述は〕いかなる価値の階層性も設けないし、根本的な区別も設けない。それはただ言表の規則性を確立しようとするのである」(5)。起源の問題はまったく問われないのだから、独創性の問題はなおさら問われない。言表を生み出すために、特定の誰かである必要はないのである。そして言表は、どんなコギトとも、言表を可能にする先験的な主体とも、言表を最初に発する(あるいは再開する)「私」とも、言表を保存し、流通させ、また更新する「時代精神」とも関係がない。[6] 一つ一つの言表に対して、実に様々な主体の「場所」が存在する。しかし、一つ一つの場合に、まさに様々な個人がやってくるのだから、言表とはある累積に特有の対象なのである。この累積にしたがって、言表は保存され、伝達され、反復されるのである。この累積は、ストックの成立に似ているが、稀少性と逆のことを意味するものではなく、このような稀少性そのものの効果である。こうして、この累積は起源の概念、そして起源への回帰の概念を斥けてしまう。ベルクソンの記憶に似て、言表はそれ自身のうちに、それ自身の空間において保存され、この空間が持続し、再建される限り生き続ける。

　言表をめぐって、三つの空間、三つの円を区別しなければならない。第一に、連合し、隣接する並行的空間であり、これは同じ集合に属している他の言表によって形成される。空間が集合を定義するのか、それとも言表の集合が空間を定義するのか知ることは、それほど重要なことではない。言表と無関係な等質空間も、空間的な配置を

（5）『知の考古学』一八八〔二二九〕（また言表－曲線の同一視については一〇九〔一二四〕）。

（6）『知の考古学』二〇七〔二四一〕（特に世界観 Weltanschauung の批判）。

もたない言表も存在しない。この二つは形成の規則の水準では一緒になってしまうのである。重要なことは、こういった形成の規則は、命題の場合のように公理に還元されることもなければ、文の場合のようにコンテクストに還元されることもないということである。命題は、内在的な定数を決定し等質的な体系を定義する高次の公理に、垂直的に帰着するのだ。このような等質的体系を確立することは、まさに言語学の条件の一つである。文の場合は、外的な変数にしたがって、その構成要素の一つをある体系に、他の一つは別の体系のなかにもつことがある。しかし言表はこれと全く違っている。それはある固有の変化と不可分であり、この固有の変化によって私たちは決して一つの体系のなかに入ることなく、たえずある体系から別の体系へと移動するのである（同一の言語の内部でさえも、そうなのだ）。言表は側面的でも、垂直的でもなく、横断的であって、その規則は、それ自体と同じレベルにあるのである。おそらく、フーコーとラボフには共通点がある。とりわけ、ラボフは、等質性ではなく規則性を定義するような諸規則、それ自体可変であり、随意である諸規則のもとで、一人の若い黒人が、たえまなく「ブラック・イングリッシュ」の体系から「標準的米語」の体系に移行し、また逆に移行することを示しているからである。(7) たとえ同一の言語において作用しているように見えるときでさえ、一つの言説的形成に属する言表は、描写から観察へ、計算へ、制度へ、命令へと移行して、まるで同じほど多数の体系や言語を通過していくようにするのである。(8) 言表の集合や族を「形成」するのは、同一水準での移行や変化の諸規則であって、これがこのような「族」を分散と非等質性の環境にする。等質性とは全く反対のものにするのだ。連合的、隣接的空間とはこのようなものである。おのおのの言表は非等質的な言表と不可分であり、言表は移行の規うなものである。

（7）ラボフ『社会言語学』を参照せよ。Labov, *Sociolinguistique*, Ed. de Minuit, 262-265（英語より仏訳）。ラボフにおいて本質的なのは、定数も等質性もともなわない規則の観念である。私たちは、フーコーの後期の探究により近いもう一つの例をあげることもできる。クラフト・エビングが、性倒錯の巨大な集成『性の精神病理』を書くとき、言表の対象があまりに生々しくなると、たちまちドイツ語の文章は、ラテン語の断片を含むようになる。一つのシステムから他のシステムに、両方向にたえまなく移行が生じる。それは、周囲の状況や、外的な変数（遠慮、検閲）のせいだと言われるかもしれない。文の観点からいえば確かにそうだ。しかし言表の観点からは、クラフト・エビングにおける性の言表は、固有の内的変化と不可分である。このことがどんな言表についてもいえることを示すのは、困難なことではないだろう。

（8）『知の考古学』四八〔五四〕（十九世紀における医学的言表の例）。

則（ベクトル）によって非等質的な言表と結びつく。そして、このようにしておのおのの言表は、「稀少」で規則的な多様体と不可分であるだけでなく、一つ一つの言表そのものが、多様体なのである。つまり、言表は一つの多様体であって、構造や体系ではない。命題の類型学にも、文の弁証法にも反する言表のトポロジー。私たちは、言表や、言表の族や、言説的形成は、フーコーによれば、まず固有の変化の線、あるいは連合的な空間に配置されるベクトルの場によって定義されるものと考える。これが、根本的な機能としての言表であり、あるいは「規則性」の第一の意味なのである。

空間の第二の断面、それは相関的空間であり、連合的空間とは区別される。こんどはもはや、言表と他の言表との関係ではなく、言表の主体、その対象、その概念などとの関係が問題となる。ここに、言表と、語、文、あるいは命題とのあいだに、新しい差異を設ける機会があらわれる。文はまさに、いわゆる言表行為の主体に帰着し、この主体は言説を開始する力をもっているように感じられる。〈彼〉には還元できない言語学的人称としての〈私〉が問題であり、明らかに表明されていない場合でも、シフターあるいは自己言及としての「私」が問題となる。文はそれゆえに内在的な定数（〈私〉の形態）と、外在的な変数（〈私〉と言いながら形態を満たすことになる誰か）という、二重の観点から分析される。言表については、事情は全くちがう。言表は唯一の形態に関わるものではなく、言表そのものに属する実に可変的な内在的位置に関わるのである。例えば、もし「文学的な」言表が作者に帰着するとすれば、全く別の意味で、署名のない手紙もまた書き手に帰着し、ありふれた一つの手紙は署名者に帰着し、契約書は保証人に、ポスターはライターに、全集は編纂者に帰着する……。(9)ところで、こういったものすべては、文に属してはいないが、言表の一部をなすのである。それは、根本的な機能から派生した機能であり、言表の派生的機能である。言表と変化する主体との関係は、それ自体、言表の内在的な変数を構成する。「長いあいだ、私は早くから床についた……」。文は同じである。としても、言表は、この文を普通の主体に結びつけるか、あるいは『失われた時を求めて』をこんなふうに始めながらこの文を話者のものとする作者プルーストに結びつけるかによって、同じではなくなる。その上同一の言表はこうして、いくつかの位置、いくつかの主体の場所をもつことができる。マダム・ド・セヴィニエの手紙の場合のように、ある作者とある話者、あるいはある署名者とある作者（あて先は、二つの場合同じではない）、ある

（9）「作者とは何か」八三〔一二三一〕。また『知の考古学』一二一〜一二六〔一三九〜一四五〕（とりわけ科学的言表の場合）。

いは間接話法における場合のような、報告する者と報告される者（そしてとりわけ、二つの主体の位置が浸透しあう自由間接話法の場合）。しかし、このようなあらゆる位置は、ある一次的な「私」の様々な形象などではなく、言表はそこから派生してくるわけではない。それどころか、こういった位置の方こそ、言表それ自体から派生するもので、この観点からは、このような位置は、ある「非人称」の、ある「彼」の、ある「誰か（ON）」の様々な様態にすぎず、言表の族にしたがって、「彼は話す」、「誰かが話す」が特定されることになるのだ。フーコーはブランショと一致する。ブランショは、あらゆる言語学的な人称体系を批判し、主体の様々な場所を無名のつぶやきの厚みのなかにおくのである。始めも終わりもないこのようなつぶやきのなかに、フーコーは身をおこうとするだろう。言表は彼にそのような場所の一つを指定するのだ。⑽そして、フーコーのもっとも感動的な言表とは、おそらくこのようなものである。

言表の対象と概念についても、同じことがいえるだろう。一つの命題は、一つの指示対象をもっていると考えられる。つまり、指示対象あるいは志向性は、命題の内在的な定数であるが、それをみたすことになる（あるいはならない）ものの状態は、外在的な変数である。しかし、言表に関しては事情が異なる。というのは、言表は、指示された物の状態ではなく、反対に、言表そのものから派生する「言説の対象」をもっているのだ。これはまさに、根本的な機能としての言表の変化線の限界で定義されるような派生的対象である。だから、異なる志向性のタイプを区別して、そのあるものは物の状態によってみたされ、また別のものは一般に虚構的あるいは想像的であったり（私は一角獣に出会った）、あるいは一般に不条理であったりして（四角い円）、空虚なままにとどまる、と言ったりすることは何の役にも立たない。サルトルは言った。恒常的な睡眠の諸要素とも、覚醒時の普通の世界ともちがって、一つ一つの夢は、夢のイメージは、それに固有の世界をもっていると。[11] フーコーの言表は夢に似ている。それぞれが固有の対象をもち、一つの世界に囲まれているのだ。こうして「黄金の山は、カリフォルニアにある」は、確かに一つの言表である。それは指示対象をもたない。けれども、すべてを許すような空虚な志向性を引き合いにだすのは不十分である

（10）例えば『言語表現の秩序』の冒頭。フーコーにおける「誰かが話す」は『言葉と物』では「言語の存在」として、『知の考古学』では「言語が存在する」として現われる。ブランショのテキストの「彼」（とりわけ『完本・炎の文学』紀伊國屋書店 *La part du feu*, Gallimard, 29〔二九〕）や、「誰か」（とりわけ『文学空間』現代思潮社 *L'espace littéraire*, Gallimard, 160-161〔二一五〕）を参照すること。

（11）サルトル『想像力の問題』人文書院 Sartre, *L'imaginaire*, Gallimard, 322-323.〔二三三〕

〈虚構一般〉。この言表「黄金の山……」は、確かに言説の対象をもっている、つまり、このような地質学あるいは地理学的な幻想を許したり許さなかったりする、限定された想像的な世界をもつのである（「ホテル・リッツと同じくらい大きなダイヤモンド」を例に出せば、もっとよくわかるだろう。これは、虚構一般に帰着するのではなく、フイッツジェラルドの言表をとり囲んでいる特別な世界に帰着し、この言表は、同じ著者の他の言表と関係して一つの〈族〉を構成している）[12]。結局、同じ結論が、概念についても有効である。一つの語は、確かにシニフィエとして、つまり外在的な変数として一つの概念をもつ。語は、そのシニフィアン（内在的な定数）によってこの概念に関与する。しかし、ここでもまた、言表については事情はもう同じではない。言表は、様々な非等質的体系が交差するところにその概念をもち、あるいはむしろそれに固有の言説的「図式」をもち、これらの体系のあいだを、根本的な機能として貫通するのである。例えば、ある時代の、またはある言説的形成における、医学的言表による徴候の様々な分類と区別（例えば、十七世紀における狂気、そして十九世紀における単一狂の出現……）[13]。

もし言表が、語とも、文とも、命題とも、区別されるなら、それは言表自体がみずからの派生物として、主体の機能、対象の機能、概念の機能を内に含んでいるからである。まさに、主体、対象、概念は、根本的なものから、または言表から派生した機能にすぎない。それゆえ、相関的空間とは、言表のある〈族〉における、主体、対象、概念といった場所や位置からなる言説的な秩序なのである。これが、「規則性」の第二の概念である。こういった様々な場所は、特異点をあらわしている。内在的な定数と外在的な変数によって機能する語や文や命題の体系は、固有の変化と内在的な変数によって機能する言表の多様体とは相反するものだ。語や文や命題にとっては偶発事と思えることが、言表にとっては規則となる。フーコーはこうして新しいプラグマティックを創造する。

空間の第三の断面、外在的な断面がまだ残っている。それは補完的空間、あるいは非言説的形成の空間である（「制度、政治的現実的事件、そして経済的過程」）。これについて、すでにフーコーは、一つの政治哲学の概念を素描している。一つの制度は、

(12)『知の考古学』二一八〔二三五〕（黄金の山は……）。
(13)「概念以前の図式」については、『知の考古学』八〇～八一〔九二～九三〕を、十七世紀における狂気の病の例、その分割については『狂気の歴史』第二部、十九世紀の単一狂の出現については、『ピエール・リヴィエールの犯罪』を参照せよ。

それ自体様々な言表を、例えば、憲法、憲章、契約、登録、登記などを含んでいる。逆に、言表は制度的環境に関わっていて、この制度的環境がなければ、何らかの言表の場に現われる対象も、何らかの場所について語る主体も形成されることはないのだ（例えば、一社会における作家の位置、ある時代の、病院や診察室における医者の位置、そして諸対象の新しい出現）。しかし、ここでもまた、制度という非言説的な形成と、言表という言説的形成とのあいだに一種の垂直的な並行関係を設けて、二つの表現がたがいを象徴しあうようにしたり（表現の一次的関係）、水平的な因果性を設けて、事件と制度が、言表の主体とみなされる作者としての人間を決定するようにしたりする（思索の二次的関係）誘惑は大きい。しかし、斜線は第三の道を強いるのである。それは、非言説的な環境との言説的な関係であり、それ自体は言表の集団に対して、内的でも外的でもないが、私たちが前に語ったような限界を構成して、何らかの言表の対象が現われたり、何らかの場所が言表それ自体のなかに指定されるために不可欠な規定された地平を構成するのである。「このことはもちろん、十九世紀始めから医学に、組織の損傷や、病理解剖学的相関性のような新しい対象を課したのは政治的実践であった、ということではない。そうではなく、政治的実践は、医学的対象の位置決定の新しい領野を開いたのである（行政的に統率され、監視される人口の総体……民衆からなる大規模な軍隊、時代の経済的必要や、社会的階級の相互的な立場と関連する医療保護制度）。政治的実践と医学的言説とのこのような関係は、医者に与えられる地位においても、同じように出現するのが見られる……」(14)。

独創と凡庸の区別は適切でないのだから、言表の特徴とは、反復されうるということである。一つの文は、再開されうる、あるいは再び想起されうる。一つの命題は、再び実現されうる。ただ「言表だけが、反復されるという特性をもっている」(15)。しかしながら、反復の現実的条件は大変厳密であるように思われる。同じ配置の空間、同じ特異性の分配、同じ場所と位置の秩序、設けられた環境との同じ関係が存在しなければならない。こういったことすべては、言表のために、言表を反復可能にする「物質性」を構成するのだ。「種は変化する」は、十八世紀の博物学で定式化されるときと、十九世紀の生物学で定式化されるときで、同じ言表ではない。そして、ダーウィンから、シンプソン*にいたるときも、この言表が、同じままであるとは限らない。同じ記述が全く異なる測定の単位、距離、配置、制度などに価値を与えるからである。

(14)『知の考古学』二一二～二一四〔二四六～二四八〕（六二～六三〔七一～七二〕）。
(15)『知の考古学』一三八〔一六〇〕。

同じスローガンの文章「狂人は、保護院へ」は、それが、十八世紀のように、囚人と狂人とが混同されることに対して抗議するものか、逆に、十九世紀のように、囚人から狂人を分かつ保護院を要求するものか、あるいは今日のように、病院環境の拡大に対して反対するものか、によってまったく異なる言説的形成に属するのである。(16) フーコーは、コンテクストの非常に古典的な分析を、ただ洗練しているだけだ、という反論があるかもしれない。それは彼が打ち立てた指標の新しさを見誤ることだろう。まさにこの指標は、対応する言表のなかにいつも同じ場所をもつことなく、同じ特異性を再生産することもなく、一つの文を言ったり、一つの命題を作成したりすることができるということを示している。そして、もし言表が所属している言説的形成を決定することによって、見せかけの反復を批判することができるなら、逆にまた、異なる言説的形成のあいだに、同形性、同位性があることも、私たちは発見するだろう。(17) しかしコンテクストは、何も説明しない。なぜなら、問題となる言説的形成や言表の〈族〉によって、コンテクストは異なる性質をもつからだ。(18)

言表の反復が、このように厳密な条件をもっているのは、外的な条件によるのではなく、反復そのものを、言表に固有の力とするあの内的な物質性のせいである。それは、言表がいつも、自身と同じ水準にある他のもの、つまり言表自身に関わる他の何かとの特定の関係によって定義されるということである（そして、その意味によっても、その諸要素によっても定義されない）。この「他のもの」は、一つの言表であることもありうる。この場合、言表は明らかに反復される。しかし、結局他のものとは必然的に言表以外のものである。それは〈外〉なのである。それは、不確定性の点である様々な特異性の、純粋な放射なのである。なぜなら、様々な特異性は、これらを結合し、隣接させながら形をえるようになる言表の曲線によってあらかじめ確定され、特定されてはいないからである。だからフーコーは、一つの曲線、一つのグラフ、一つのピラミッドは言表であるが、それらが表象するものは言表ではないことを示す。同じように、私が書き写す文字、AZERTは、一つの言表であるが、キーボードの上の同じ文字は、言表ではない。(19) この場合、ある秘められた反復が、言表に生気を与えていることがわかる。そして、読者は、『レーモン・ルーセル』の「逆説的にも同一

(16)『狂気の歴史』四一七～四一八〔四一九～四二二〕。
(17)『知の考古学』二一〇〔二四四〕。
(18)『知の考古学』一二九〔一四八〕（コンテクストの否定）。
(19)『知の考古学』一一四～一一七〔一三一～一三四〕（そして一〇九〔一二四〕）。

性をもたらす微細な差異」についての最も美しいページを着想させたテーマを再発見する。たとえ、言表が反復するものは「他のもの」であり、しかも「言表と奇妙にも類似しており、ほとんど同じであるような」他のものであっても、言表は、やはりそれ自身反復なのである。だから、フーコーにとって最大の問題は、言表が前提とするこのような特異性はどのようなものかを知ることであろう。しかし『考古学』はここで止まり、「知」の限界を逸脱してしまうこの問題をまだ取り扱う用意がない。フーコーの読者は、新しい領域に、つまり知と結合されるものとしての権力の領域にさしかかっていることを理解する。それを探究するのは次の書物である。しかし、私たちはすでに、キーボードの上のAZERTは、力の様々な焦点の集合であり、みずからの頻度にしたがうフランス語のアルファベット文字と、みずからの隔たりにしたがう手の指とのあいだの、力の関係の集合であることを予感している。

『言葉と物』においてフーコーは、問題なのは物でも言葉でもない、と説明している。また、対象も主体もやはり問題ではないのである。さらに、文も命題も、文法的、論理的、あるいは意味論的な分析も問題ではない。言表は、言葉と物との総合ではなく、文や命題の組み合せでもなく、むしろ反対に、言表を暗黙のうちに前提とする文や命題に先行するものであり、言葉と対象を形成するものなのである。フーコーは、二度繰り返して後悔を漏らす。『狂気の歴史』において彼はまだ、素朴な物の状態と命題との間の二元性におさまってしまうような狂気の「経験」にあまりにも依存しすぎた。『臨床医学の誕生』では、彼はまだ、対象的領野に対して、あまりにも固定的とみなされる主体の統一的な形態を前提とする「医学的視線」について語った。けれど、こういう後悔はたぶん偽装されたものである。『狂気の歴史』の美しさを部分的ににな っていたロマンティシズムが、新しい実証主義のために放棄されたことを残念がるには及ばない。この、それ自身詩的で、稀少化された実証主義は、たぶん結果として、言説的形成と言表を分散させながら、狂気の経験でもある普遍的な経験を活性化し、このような形成における場の多様性によって、たえず医者や、臨床医、診断医、文明の症候学者などの場所である動的な場所を（どんな世界観とも独立に）活性化するのである。そして『考古学』の結論は、革命的な実践と一体であるべき、様々な生産の一般理論への呼びかけでなくて何だろうか。この理論において、活動する「言説」は、私の生と私の死に無関心な、ある「外」の要素において形成されるのだ。なぜなら言説的形成は真の実践であり、その言語は、普遍的なロゴスではなく、突然変異を推進し、またときにはそれを表現することもある致命的な言語なのだから。

一群の言表とは、そしてただ一つの言表とはすでに何か、ここで説明されている。それは多様体なのである。「多様体」の概念と多様体の種類を、物理学と数学について形成したのは、リーマンである。この概念の哲学的重要性は、ついでフッサールの、『形式論理学と超越論的論理学』にあらわれ、ベルクソンの『意識の直接的与件についての試論』においてあらわれる（リーマンが離散的多様体と、連続的多様体とを区別したのに少し似て、ベルクソンが空間的な多様体と対立する一種の多様体として持続を定義するときである）。しかし、この二つの方向で、概念は中絶してしまった。種類の区別が、単純な二元論をたてて概念を隠してしまったからであり、あるいはこの区別が、公理系の地位をめざしたからである。けれどもこの概念の本質は、「多様なもの」が、「一」と対立する述語であることをやめ、また一とみなされる主体に所属することをやめるように、一つの実詞を構成することである。多様体は、多と一という伝統的な問題とは全く無関係であり、多様体を条件づけ、思考し、一つの起源から派生させたりする主体の問題とは、とりわけ無関係である。多も一も存在しない。いずれにせよそれは、一方において再生し、他方で発展する一つの意識に帰着することになるのだ。ただ、稀少な多様体が特異点とともに存在し、また一時的に主体として機能することになるもののための空虚な場所とともに存在し、累積可能、反復可能な、それ自身のうちに保存される規則性とともに存在するだけである。多様体は公理的でも、類型的でもなく、トポロジックなのだ。フーコーの本は、多様体の理論と実践において、実に決定的な一歩を示している。モーリス・ブランショは、彼のきたえあげた文学的生産についての論理によって、異なった仕方でやはり同じ道を歩んだのだ。それは、単数と複数のあいだ、中性と反復のあいだの非常に厳密な関係づけであり、意識や主体の形態も、また無差別な底無しの深淵も拒否することになる。フーコーは、この点で、ブランショに感じた類縁性を隠さなかった。そして、今日の様々な議論の本質は、構造主義それ自体に関するものでも、構造と呼ばれるモデルや現実がほんとうに存在するか、しないかというものでもなく、全部が構造化されているとはみなされない様々な次元で、どんな場所や地位が主体に属するか、というものだということをフーコーは示した。歴史を構造に直接対立させているかぎり、私たちはこうして、主体が、構成的、集約的、統一的な活動としてまだ意味を保っていると考えることができる。しかし、私たちが「時代」や歴史的形成を多様体と考えるとき、もはや事態は同じではない。多様体は、主体の地平からも構造の帝国からも逃がれてしまう。構造は命題的であり、はっきりと限定された水準に指定することのできる公理系の性格をもち、等質的な体系を形づくる。ところが、言表は様々な水準を貫通し、

「可能な構造と統一性の領域を横断し、時間と空間のなかに、具体的な内容をそなえてそれらを出現させる」[20]ような多様体なのだ。主体は文に関わり、弁証法的であり、言説を開始させる一人称の性格をもっている。ところが言表は主体を三人称においてのみ、そして、派生的な機能としてのみ保存する無名の根本的な機能なのだ。

考古学は、これまで「古文書学者たち」によって用いられてきた二つの原理、つまり形式化と解釈に反対する。古文書学者はしばしば、これらの技術の一方から他方へ飛び移り、また両方に依存した。場合によっては、文からその明白な意味として機能する一つの論理的命題が抽出される。こうして、私たちは「登録された」ものを理解可能な形にむけて乗り超える。この形は、おそらくこんどは象徴的な表層にしるされるのだが、それ自体としては、登録と別の秩序をもっている。また別の場合、逆に私たちは、文をさらに別の文にむけて乗り超える。文は、秘密のうちに、別の文に関係づけられる。こうして私たちは、ある別の登録によって、登録されたものを二重化し、この別の登録はたぶん隠された意味を構成するのだが、さしあたってそれは同じものを登録せず、同じ内容をもちはしないのである。この二つの極端な態度は、むしろ解釈と形式化がそのあいだでゆれる二つの極を示している（このことは、たとえば、機能的形式的仮説と、「二重登録」という局所論的な仮説とのあいだで揺れ動く精神分析のためらいにもみえる)。一つは文から、言い過ぎなものを取り出し、もう一つは、言われないことを取り出すのである。そこから、例えば、同一の文に対応する二つの命題を区別しなくてはならないことを示す論理学の傾向や、文が、みたすべき空隙を含んでいることを示す解釈の学の傾向が生まれるのだ。だから、方法論的には、実際に言われたことだけに、言われたことの単なる登録だけにとどまることは、相当難しいと思われる。言語学さえも、あるいは言語学こそ、そこにとどまってはいないのだ。言語学の統一性は、決して、言われることと同じ水準にはないのである。

フーコーは、全く異なる企ての権利を主張する。言われること（dictum）の実定性にほかならない、言われることの単なる登録に、つまり言表にたどりつくこと。考古学は「言語遂行の背後や、その見かけの表面の下に隠された要素を発見しようとして、言語遂行のうちに深くもぐり、それを通じて無言のうちに明らかになる秘密の意味を発見しようとして、様々な言語遂行のまわりを巡るのではない。だからといって、言表は決して即座に可視的になるものではない。言表は文法的あるいは論理的構造のように、明白に出現するわけではないのだ（確かに、構造は全く明らかというわけでは

(20)『知の考古学』一一五〔一三二〕、二五九～二六六〔二九九～三〇七〕。

なく、解き明かすことは実に難しいのであるが)。言表は目に見えるものでなく、しかも隠されてはいない」[21]。そして本質的なページでフーコーは、どんな言表も、実際に言われたことに関わるのだから、潜在的な存在をもつことはありえないことを示す。そこに見出される欠如や空白でさえも、隠された意味と混同すべきではなく、言表の〈族〉を成立させる分散の空間に言表が現われることを示しているだけである。しかし、言われることと同じ水準にあるこのような登録にたどりつくことが困難だとすれば、それは逆に、言表が即座に知覚できるものではなく、いつも文と命題におおわれているからである。その「台座」をあらわにし、磨き、まさに成形し、発明しなければならない。この台座の三重の空間を発見し、切断しなくてはならない。そして、こうして構成すべき多様体においてはじめて、言われることの単なる登録としての言表が成立するのだ。そうして始めて、解釈や形式化は、このような単なる登録を、その前提条件としてすでに仮定しているのではないかを知ることが問題になる。実際、別の条件のもとで、他の登録において二重化され、命題のなかに投影されるようになるのは、言表の登録(登録としての言表)ではないだろうか。どんな表書き(suscription)も、署名(souscription)も、言説的形成においては、ただ言表の登録にのみ関係するのである。まず古文書(archive)の記念碑があるのであって、文書(document)があるのではない。「言語が、対象とみなされ、区別された水準に分解され、記述され、分析されるためには、いつも規定された、無限なものではない言表の所与が存在しなければならない。言語の分析はつねに言葉とテキストのコーパスに対して行なわれる。解釈することや、潜在的意味を明らかにすることは、つねに限定された文のグループに依存する。あるシステムの論理的分析は、書き改めにおいても、形式的言語においても、与えられた命題の集合をともなうのである」[22]。

具体的な方法の本質とはこのようなものである。確かに私たちは、語や文や命題から出発することを強いられる。ただ私たちは、提起された問いにしたがって変化する限定されたコーパスにこれらを組織する。これはすでに「分布主義」の学派、ブルームフィールドやハリスの要求したことであった。しかし、フーコーの独創性はコーパスを限定する彼自身の方法のうちにある。それは、言語学的な頻度や定数とは無関係

(21)『知の考古学』一四三〔一六六〕、例えばゲルー（Guéroult）の理解するような意味での哲学史は、このような不可視の、しかし隠されてはいない登録にのみ限られるものであり、形式化や解釈に依存するものではない。

(22)『知の考古学』一四六〔一七〇〕。

で、話したり書いたりする人物の個人的な性質にも関わらない（偉大な思想家、名高い権力者など）。フランソワ・エヴァルドは、フーコーのコーパスは「出典のない言説」であり、この古文書学者はできるだけ偉大な名を引用することを避けている、と言っているが、これは正しいのである。[23] つまりフーコーは、基礎となる語、文、命題を、構造によって選択したり、それらを生み出す主体－作者によって選択したりするのではなく、それらが一つの集合のうちに実現する単なる機能によって選択するのである。例えば、保護院や牢獄のための収容の規則、軍隊や学校のための懲戒の規則。フーコーが用いている様々な指標が何か問われるとすれば、その答えは『考古学』以降の本で、はじめて明確に現われる。コーパスにおいて保存される語、文、命題は、一定の問題によって作用し始める権力の（また抵抗の）様々な焦点の周囲で選択される。例えば、十九世紀における「性」のコーパス。告解室の周囲でやりとりされる様々な語と文、決疑論*（casuistique）の手引書のなかで組み立てられた様々な命題が調べられる。また、学校、出生率や婚姻率に関する制度など、他の焦点も考慮しなければならない。[24] 理論は後で現われるのだが、『考古学』において現実に有効に働いているのはこのような指標なのである。こうして一度コーパスが構成されると（コーパスは言表について何も前提しない）、私たちは、言語がこのコーパスに集中し、コーパスに「落ち着く」ような仕方を限定することができる。それは『言葉と物』が語った〈言語の存在〉であり、また『考古学』が語った〈言語が存在する〉であり、それぞれの集合にしたがって変化するのだ。[25] それはまた、考察されるコーパスにしたがって、いろいろな様相を呈する無名のつぶやきにほかならない〈誰かが話す〉である。だから私たちは、語、文、命題から、それらと区別される言表をとりだすことができる。言表は、語でも文でも命題でもなく、ただこれらのコーパスから抽出される形成物なのである。このとき、文の主体、命題の対象、語のシニフィエなどは、〈誰かが話す〉のなかに場所を占め、言語の厚みのなかに配置され、分散されながら、性格を変えるのだ。フーコーのなかにつねに存在するパラドックスによれば、言語が一つのコーパスに集中するのは、ただ言語が、言表の配置あるいは分散の環境になるため、

(23) フランソワ・エヴァルド「解剖学と政治的身体」『クリティック』三四三号 François Ewald, "Anatomie et corps politique", *Critique* n°343, décembre, 1975, 1229-1230.

(24) 『知への意志』を参照、「言説へと鼓舞すること」。実際、指標がそれ自体として研究されるようになるのは、『監獄の誕生』からである。しかし、指標は原理として要請される以前にも機能することがある。

(25) 『知の考古学』一四五～一四八〔一六八～一七三〕。

本来的に分散するものである言表の「族」の規則となるためにすぎない。この方法は全体として実に厳密なもので、様々な度合で明白に現われ、フーコーの著作のすみずみで実践されている。

ゴーゴリは、死せる魂の登録に関する傑作を書きながら、彼の小説が詩であることを説明し、いくつかの点で、いかに小説が必然的に詩でなければならないかを示した。フーコーは、この考古学によって、彼自身の方法叙説を書いたというよりも、むしろ以前の彼の著作について詩を書いたのかもしれない。哲学が必然的に詩に、すでに言われたことの強度の詩になり、この詩がまた、無意味についての詩となり、または最も深い意味についての詩ともなるような地点にたどりついたのかもしれない。ある意味でフーコーは、いつもフィクションを書いてきた、と断言することもできるはずだ。つまり、私たちがさきほど見たように、言表は夢に似ていて、あたかも万華鏡のように、考察されるコーパスとそこに引かれる斜線によってすべては変わるのだ。しかし別の見方をすれば、彼はただ現実についてしか、現実とともにしか書かなかったともいえる。言表においてはすべてが現実であり、あらゆる現実がそこに現われるからである。

実に多くの多様体がある。言説的な多様体と非言説的な多様体という大きな二元性があるばかりでなく、言説的な多様体のあいだに、あらゆる種類の言表の〈族〉や形成があり、そのリストは開かれていて時代によって変わる。そしてある種の「敷居」によって区切られて、様々な種類の言表が存在する。同じ言表の〈族〉が、様々な種類の言表にまたがり、同じ種類がまたいくつかの〈族〉を示すこともある。例えば、科学はある種の敷居をもっていて、それを越えると、言表は「認識論化」に到達し、一つの「科学性」または一つの「形式化」にさえたどりつく。しかし、一つの科学は決して〈族〉を吸収してしまうことはないし、〈族〉がそのなかで確立される形成物を吸収してしまうこともない。精神医学の科学としての地位や主張は、これに対応する言説的形成の不可欠な部分をなす様々な要素、つまり法律的テキストや、文学的表現、哲学的思索、政治的決定あるいは世論などを切り捨ててしまうことはできない。(26)科学は、形成から一つのイデオロギー的な機能をひきだすとしても、せいぜい形成を方向づけ、そのいくつかの領域を体系化し、形式化するだけだ。そのイデオロギー的機能が、単に科学の不完全性からくるものだと考えることは誤りであろう。要するに一つの科学は、科学が吸収することのできない知の領域のなかに、またそれ自身知の

(26)『知の考古学』二三四〔二七二〕。

対象であるが、科学の対象ではない形成のなかに局在している。知は科学ではなく、また認識でさえもないのである。知は、先に定義された様々な多様体を対象とする。あるいは知それ自身が、その特異点、位置、機能などによって記述する特定の多様体を、知は対象とするのである。「言説の実践は、それによって可能になる科学的な洗練と同じものではない。そして、言説の実践が形成する知は、ある確立された科学の粗削りな素描でも、日常的副産物でもない」[27]。しかし、そのとき私たちは、ある種の多様体、ある種の形成は、それらにつきまとう知を、必ずしも認識論的な敷居に導くものではないことに気づく。それらは、別の方向に、別の敷居を通じて、知を導くのである。私たちは単に、ある種の〈族〉にとっては、再配置や、真の突然変異が起きなければ、科学を確立することは「不可能」だといいたいのではない（十七および十八世紀の精神医学の前身の場合）。私たちはただ、例えば美学的な敷居が存在して、それは科学と異なる方向に知を移動させたり、ある言表の〈族〉が所属している言説の実践において、文学テキストあるいは絵画作品を定義することを可能にしたりするのではないか、と考える。あるいは倫理的、政治的敷居もまた存在する。私たちは、禁止、排除、限界、自由、侵犯などが、多かれ少なかれ革命的な敷居に近づく傾向をもつ非言説的な環境と関わりながら、いかに「ある限定された言説の実践と結びつけられるか」、示すことができよう。[28] こうして、詩－考古学は、多様体のあらゆる帯域においてだけでなく、単に言われたことの登録において、事件や制度や、あらゆる他の実践と関わりながら形成されるのだ。本質的なことは、バシュラールの著作をまだ侵していた詩と科学の二重性を乗り超えたことではない。文学テキストを科学的に処理する方法を発見したことでもない。文学的形式、科学的命題、日常の文、分裂症的な無意味などが、共通の基準もなく、どんな還元も、言説上の等価性も経ないで、どれも等しく言表であるような未知の大地を発見し、測量したことである。このことは、論理学者にもフォルマリストにも解釈学者にもできなかったことだ。科学と詩は、このとき等しく知なのである。

しかし、〈族〉や言説的形成は何によって限定されるのだろう。切断はいかに認識されるのだろう。それは敷居の問題とはまた別の問題である。しかし、ここでもまた適切なのは、公理系的な方法でも、いわゆる構造的なそれでさえもない。なぜなら、ある言説的形成の他の形成への置換は、もっとも普遍的な、あるいはもっとも形式化

(27) 『知の考古学』二四〇〔二七九〕。
(28) 『知の考古学』二五一～二五五〔二九二～二九六〕。

しやすい言表のレベルで行なわれるとは限らないからである。ただ、今日歴史家たちによって用いられているような系列的な方法だけが、ある特異点に隣接する系列を構築することを可能にし、別の方向、別の点のレベルに、この系列を延長するような他の系列を見つけることを可能にする。諸系列が分散し、新しい空間に配置されるような瞬間と場所がいつも存在するのだ。切断はそこで起きる。特異性と曲線にもとづいた系列的な方法。フーコーは、この方法が、どうやら二つの対立する効果をもっていることを指摘している。この方法は、歴史家には長い時期にわたって大変幅広く距離の離れた切断を実行することをせまるし、認識論者にはしばしば短い時期の切断を倍増することをせまるからだ。[29] 私たちはこの問題をもう一度あつかうだろう。しかし、いずれにしても本質的なことは、規定可能な多様体において様々な系列が構築されるなら、〈主体〉を讃えながら歴史を想像する哲学者たちの歴史に好都合な連続要素の展開は、まったく不可能になってしまうということだ(「歴史的分析を連続的言説とすること、人間の意識をあらゆる生成や実践の根源的な主体とすること、これは同じ思考のシステムの両面なのだ。この場合、時間は全体化の意味で理解され、革命は決して意識化以外のものではない」[30])。いつも〈歴史〉を引き合いに出して「突然変異」のような概念が不明確だと抗議する人々には、様々な要素が他の場所、他の時代にも、資本主義の成立を可能にしていたように思われるのに、なぜそれは特定の場所、特定の瞬間にだけ登場したのか、説明しなければならないときの、真正の歴史家たちの当惑を思い起こしてもらいたい。「系列を問題化すること。」言説的であれ非言説的であれ、形成、〈族〉、多様体は、歴史的である。これらは単に共存の組み合せではない。これらは「派生の時間的なベクトル」と不可分なのである。そして、新しい規則、新しい系列とともに、新しい形成が現われるのは、決して一瞬のうちに、一つの文、一つの創造においてではなく、新しい規則のもとで生きのびている古い諸要素の延命、ずれ、再活性化などを「煉瓦のように」積みあげることによってなのである。同形性、同位性はあっても、どんな形成も、他の形成のモデルにはならない。切断の理論はそれゆえ、体系にとって本質的な要素となる。[31] 系列をたどり水準を横断すること、敷居を越えること、決して水平的あるいは垂直的次元にしたがって現象や言表を展開することだけで満足しないこと、そうではなく、横断線、動く斜線を生み出すこと。この

(29)『知の考古学』一五～一六〔一〇－一二〕（また歴史学における系列的方法については、ブローデル『歴史について』を参照。Braudel, *Ecrits sur l'histoire*, Flammarion.）
(30)『知の考古学』二二一〔二四〕。

ような線の上を古文書学者－考古学者は移動しなくてはならない。ブーレーズが、ウェーベルン*の稀少化された宇宙について考えたことは、フーコーにも（そして彼のスタイルにも）あてはまる。「彼は、斜線的次元とよぶことのできる新しい次元を作り出した。いわば、それはもはや面ではなくまさに空間に、点や塊や形態を配分することである」[32]。

(31) 二つの問題がある。一つは、このような具体的な場合にどこに切断をおくかを知るという実践的な問題、もう一つは、これが依存する理論的な問題であって、切断そのものの概念に関する問題である（この点に関して、アルチュセールの構造的概念とフーコーの系列的概念を対立的にとらえなくてはならないだろう）。

(32) ブーレーズ『徒弟の記録』Boulez, *Relevés d'apprenti*, Ed. du seuil, 372.

# 新しい地図作成者（『監獄の誕生』）

フーコーは書くことを決して目的や終局だとは考えなかった。まさにこのことが、彼を偉大な書き手にし、彼の書くものにますます大きな歓び、ますます明白な笑いをもたらすのである。刑罰の神曲。それはつまり、こんなにも多くの倒錯的な発明と、冷笑的な言説と、手のこんだ恐怖を前にして、気違いじみた笑いに行き着くところまで熱中するという原始的な権利なのである。子供に自慰を禁ずる装置から、成人のための監獄の機構まで、一つの連鎖の全体が繰り広げられ、恥辱や苦悩や死が口を封じなかったかぎりは、意想外な笑いを呼びおこすのである。死刑執行人たちは、めったに笑わないものだ。あるいは、彼らの笑いはこのような笑いと同じものではない。ヴァレス*はすでに、死刑執行人たちのおぞましい快活さとはまったくちがう、革命家たちに固有の、恐怖のさなかの快活さについて語っている。そこから何かを、ある大いなる喜びを引き出すには、憎しみが十分に生き生きしているだけでよいのだ。それは両義性の喜び、憎悪する喜びではなく、生命をそこなう何かを破壊してしまう喜びである。フーコーの本は、スタイルの華麗さや、内容の政治性と一体になった、一つの歓喜、快楽にみちている。その本は、愛着をこめた凄まじい描写によって、リズムを与えられている。ダミアンの大いなる拷問とその失敗。ペストに襲われた町と、その町を碁盤割りにする警備。町を通って民衆と対話する囚人たちの鎖。そして反対に「刑罰の技術における」異なる「感受性」を証言する新しい隔離機械、監獄、護送車。フーコーはいつでも、分析にもとづいて、素晴らしい光景を描くことができた。ここでは、分析はますますミクロ物理学的になり、その光景はますます物理学的なものになって、分析の「効果」を表現するようになる。「効果」とは、因果的な意味の結果ではなく、色彩の光学的、視覚的意味の効果なのである。拷問の血の赤さから、牢獄の壁の灰色まで。分析と光景、権力のミクロ物理学と身体の政治的包囲は、たがいに対になっている。ミリメートル単位の地図に描かれる色彩豊かな光景。この本はまた、フーコーの以前の本の延長線上にありながら、新しい決定的な一歩をしるすものとして読むことができる。

拡散し、混沌としながらも、新左翼の特徴となっていたもの、それは理論的には、ブルジョア的思考にもマルクス主義にも向けられた、権力の問題についての新たな問いかけであり、実践的には、局地的で特異な闘争の形態であり、それに必要な関係や統一性は、もはや全体化や中心化からではなく、ガタリのいうように、ある横断性からやってくるということであった。これら二つの実践的理論的側面は、密接につながっていた。しかし新左翼もまた、マルクス主義のあまりにも粗雑な断片を相変わらず保存し再編して、またもそこに埋もれてしまい、スターリニズムも含めた、古めかしい実践とよりをもどす集団の中心化をまるで再構築するようにしたのである。おそらく、一九七一年から一九七三年まで、G・I・P（監獄情報グループ）は、フーコーとドゥフェールの激励をうけて、監獄闘争と他の闘争とのあいだに独自の関係を保ちながら、このような再構築を避けることができるグループとして機能した。そして、一九七五年に理論的著述に復帰して、フーコーはあの新しい権力の概念を先がけて作り出したと思われる。それは、私たちが見つけ出すことも、言表することもできないまま、探し求めていたものだった。

『監獄の誕生』で問われているのは、まさにこのことなのだ。確かに、フーコーはそのことを、この本の最初の数ページでほのめかしているのにすぎないが。ほんの数ページだけ、というのは、彼が「論文」とは全く別の方法で、アプローチしているからだ。彼は左翼の伝統的な位置を規定していたいくつかの公準を放棄すると、暗示するだけにとどめている。[1] そして、もっと詳細な展開のためには『知への意志』をまたなくてはならない。

所有物の公準。つまり権力は、権力を獲得した階級の「所有物」であると考えられている。フーコーは、権力はこんなふうに、またこんなところから作用するものではないことを示す。権力は所有物ではなく戦略である。そして、その効果はある所有に帰着しうるものではなく、「様々な配置、操作、戦術、技術、機能」に帰着するものである。「権力は所有されるものではなく、むしろ実践されるものであり、支配階級が獲得したり、保存したりする特権ではなく、その様々な戦略的位置の総体の効果なのだ」。この新しい機能主義、機能的分析は、決して、階級や闘争の存在を否定するものではなく、伝統的な歴史、あるいはマルクス主義的な歴史によってさえ私たちがなじみになっているのとは全く別の風景、別の人物、別の過程によって、階級や闘争の、別の光景を成立させるものである。「無数の衝突点、不安定な焦点があり、そのおのおのが、対立や闘争の危険、少なくとも過渡的な、力関係の逆転の危険をはらんでいる」。類似性も相同性もなく、一義性もなく、可能な連続性の独自なタイプがこれらとともにあるだけだ。要するに、権力は等質性をもたず、様々な特異性によって、それが経由する特異点によって定義されるのだ。

局在性の公準。つまり権力は国家権力であり、権力そのものは国家装置のなかに局在していると考えられている。そのため「私的な」権力さえ、見掛け上分散しているだけで、やはり特殊な国家装置にすぎないとされる。フーコーは逆に、国家はそれ自体、ある総体の効果として、歯車や焦点からなる多様体の効果として出現することを示す。このような歯車や焦点は、全く別の水準にあり、独立に「権力のミクロ物理学」を成立させるのである。私的なシステムだけでなく、国家装置の明白な要素もまた、一つの起源、様々な過程や実践を含んでいる。国家はこの起源、過程、実践を承認したり、統制したりするだけで、これを自分が構成するどころではなく、隠してしまって満足することさえある。『監獄の誕生』の本質的な思想の一つは、近代社会が「規律的」(disciplinaire) 社会として定義されうるということである。しかし、規律は、制度とも、装置ともちがうものだ。なぜなら、規律はまさに、あらゆる種類の装置や制度を貫通して、これらを結びつけ、延長し、集中させ、これらが新しい方式で行使されるようにする権力のタイプ、技術であるからだ。警察や監獄のように、明らかに

(1)『監獄の誕生』三一～三三〔三〇～三二〕。

国家に属している要素、特別な歯車さえも例外ではない。「仮に制度としての警察は、確かに国家装置の形態によって組織され、政治的な主権の中心に結ばれていたとしても、警察が行使する権力のタイプ、警察が作動させるメカニズム、メカニズムが適用される様々な要素は、特異なものである」。こういったメカニズムや要素は、社会的領野の不安定な細部に規律を浸透させる役割をになう、こうして司法装置、さらには政治装置に対して独立した広範な領域があることを証明するのである。(2) だからなおさら、監獄の起源は「一社会の司法的政治的構造」のなかにはないのである。たとえ、刑法にであっても、監獄を法の進化に依存させることは誤りである。刑罰を統制する点で、監獄もまたそれに必要な独立性をそなえており、たとえ国家装置に奉仕するときでも、それ自体は国家を逸脱してしまう「規律の補完物」であることを証明するのである。(3) 要するにフーコーの機能主義には、ある近代的なトポロジーが対応しているのであって、このトポロジーは、もはや権力の根源として、特権的な場所を指示することはなく、点的な局在を許すこともない(ここには、先ほどの連続性に関する場合と同じように、現代の物理学的数学的空間に劣らず新しい社会的空間の概念がある)。私たちは、「局所的」という言葉が、二つの異なる意味をもっていることに注目すべきであろう。権力は局所的である。それは決して包括的なものではないからだ。しかし、それは局所的ではなく、局限可能なものではない。なぜなら、それは拡散しているからだ。

従属の公準。国家装置において具体化される権力は、下部構造にしたがうように、ある生産様式に従属すると考えられている。おそらく、刑罰の大規模な体制を生産の体系に対応させることは可能である。規律のメカニズムは、とりわけ、十八世紀の人口急増と不可分であり、利潤を増やし、様々な力を組み合せ、身体から有益な力をすべて引き出そうとする生産の増大と不可分である。しかし、たとえ上部構造が反動の能力、反応の行為を含んでいることを認めるとしても、だからといって経済的限定を「最終的な審級」と考えることはできない。むしろ経済の総体、例えば作業場や工場の方が、権力のメカニズムを前提としているのだ。このメカニズムは、すでに内側から身体や魂に働きかけ、経済的領野の内部ですでに生産力や生産関係に働きかけている。「権力の諸関係は、他のタイプの関係の外部に位置するものではない。……〔それは〕上部構造の位置には存在しない。……それは、それがまさに作用するところで、

(2)『監獄の誕生』二二五〜二二七〔二一四〜二一六〕。
(3)『監獄の誕生』二三三〔二二二〕、二四九〔二四三〕、二五一〔二四五〕。

直接に生産的な役割をになうのだ」(4)。マルクス主義のイメージではまだピラミッド状に存在しているものにかえて、機能的ミクロ分析は厳密な内在性をうちたてる。このような内在性においては、権力の焦点や規律の技術は、たがいに分節しあう数々の線分を形成する。一つの群集に属する個人たち、身体と魂は、この線分を通りぬけたり、そこにとどまったりする(家族、学校、兵舎、工場、必要なら監獄も)。権力「一般」の特徴は、超越的な統一性ではなく、その領野の内在性であり、包括的な中心化ではなく、その線の連続性であり、区別された全体化ではなく、その様々な線分の隣接性である。つまり系列的空間である。(5)

本質または属性についての公準。権力は一つの本質をもち、一つの属性であって、これが、権力を所有するもの(支配者)を、権力を行使されるもの(被支配者)から区別して特徴づけると考えられている。しかし権力は本質をもたず、操作的なものである。属性ではなく関係なのだ。権力関係は力関係の集合であり、支配される力も、支配する力も、同じようにつらぬき、二つの力は両方とも特異性を構成するのだ。「権力は〔被支配者たちを〕取り囲み、彼らを経由し横断し、彼らに支えを見出し、同様に彼らも、権力に抗する闘争において、権力が彼らにむける影響を支えとするのである」。フーコーは、封印状*(lettres de cachet)を分析しながら、「王の気まぐれ」は、超越的な権力の属性として、高い所から低い所へ行くのではなく、むしろ実につつましい人々、近親、隣人、仲間などによって請われたものであることを示す。このような人々は、もめごとのもとになった、とるにたらない厄介者を監禁してもらいたくて、家族や夫婦や村や仕事の紛糾を解決できる内在的な「公的機関」として、絶対君主を利用するのだ。[6] 封印状はこうして、精神医学が「任意収容」と呼ぶものの原型として現われる。つまり、権力関係は、一般的または専有的次元で行使されるのではなく、微細ではあっても特異性のあるところ、「隣人同士のいさかい、親子喧嘩、夫婦喧嘩、過度の飲酒や性交、公の争議、いかがわしい情熱」など、力関係のあるところなら、どこにでも侵入するのである。

方式についての公準。権力は、暴力またはイデオロギーによって作用し、ときには抑圧し、ときにはだまし信じさせ、ときには警察、またプロパガンダとなる、と考え

（4）『知への意志』一二四〔一二二〕。
（5）『監獄の誕生』一四八〔一五二〕（おそらく、ピラミッド状は存続しているが、そのあらゆる表面上に拡散し、配分された機能とともに存続しているのである）。
（6）「汚辱に塗れた人々の生」二二一～二二六〔三二六～三三〇〕。

られている。この場合も、このような二者択一は適切だとは思えない。（これは政党の集会でも見られる通りだ。暴力は、室内にも街頭にも確かに存在し、イデオロギーが演壇で語られることもある。しかし、組織に関する問題や権力の組織は、いつもわきの方、隣の部屋で解決されている。）権力は、たとえ魂を相手にするときでも、イデオロギーによって作用するのではない。それが、肉体にのしかかってくるときも、暴力や抑圧によって作用するとは限らない。あるいはむしろ暴力は、物であれ存在であれ、確かに何かに対する力の効果を表わすのだ。しかし暴力は、権力の関係を、つまり力と力との関係、「行為に対する行為」(7)を表わすものではない。力のあいだの関係とは、「煽動する、誘発する、結合する……」といったタイプの一機能である。規律的社会の場合は、再分配する、系列化する、編成する、標準化する、などといえるだろう。このリストは未限定であり、場合によって変化する。権力は抑圧する前に「現実を生み出す」。またイデオロギー化する前に、抽象したり隠蔽したりする前に、真実なるものを生み出すのだ。(8)『知への意志』は、性を特権的なケースとしてとらえながら、次のことを示した。もし私たちが語や文にこだわったままでいるなら、言語において作用する性的抑圧を信じこんでしまうこと。しかし、そこから支配的な言表を抽出し、特に教会、学校、病院で行なわれ、性の現実と性における真理を追求しようとした告白の手続きを抽出するならば、性的抑圧を信じることはできないこと。また抑圧やイデオロギーによっては何も説明できず、抑圧やイデオロギーが機能するためには、いつもあるアレンジメント（agencement）や「装置」を前提しなければならないのであって、その逆ではないことである。フーコーは、抑圧やイデオロギーについて少しも無知ではないのだ。しかし、ニーチェがすでに見ていたように、抑圧やイデオロギーは力のあいだの闘いを構成するものではなく、闘いによって巻き上げられた砂塵にすぎない。

合法性の公準。国家権力は法律において表現されるものと考えられている。法は、野蛮な力に対して強いられる平和状態とみなされたり、最強のものが、戦争や闘争に勝利をおさめた結果とみなされたりする。（しかしいずれの場合も、法は強制的なま

（7）ドレイファス／ラビノウ『ミシェル・フーコー、ある哲学的軌跡』におけるフーコーのテキスト。Dreyfus et Rabinow, *Michel Foucault, un parcours philosophique*, Gallimard, 313.〔『ミシェル・フーコー　構造主義と解釈学を超えて』筑摩書房、三〇一、なお同テキストは「主体と権力」「倫理の系譜学について」として『ミシェル・フーコー思考集成IX』筑摩書房にも収録されている〕

（8）『監獄の誕生』一九六〔一九六〕。

たは自発的な戦争の停止によって定義され、法が排除によって定義する非合法には対立するのだ。そして革命家たちは、権力の奪取と別の国家装置の確立をともなう別の合法性を求めることができるだけである)。フーコーの本の最も深いテーマの一つは、法対非合法という、あまりに粗大な対立にかえて、不法行為－法律の、微妙な相関関係を確立することにある。法はいつでも、法が形式化しつつ区分する様々な不法行為の組み合せなのである。法律は完全に非合法と対立するものではない。ある種の法律は、明らかに別の法律を回避するための手段を組織している。このことを理解するには、企業に関する法律を考えてみるだけで十分である。法は、不法行為の管理であって、不法行為のあるものを許し、可能なものにし、あるいは支配階級の特権としてでっちあげ、別のものは、被支配階級への償いとして大目に見、支配階級に役立つものにさえし、さらに別のものは禁止し隔離し、また支配の対象や手段としてとりあげるのだ。こうして、十八世紀に起きた法の変化は、不法行為の新しい配分を根拠にしているのである。それは単に、違反が徐々に個人よりもむしろ財産に関するものとなって、性格を変えはじめたからではない。不法行為の新しい区別、新しい管理を可能にする「犯罪行為」(délinquance)という名の独自の形態を定義しながら、規律的権力がそれまでとは全くちがった仕方で、これらの違反を分類し、形式化するからである。(9)

一七八九年の革命に対する民衆側のある種の抵抗は、旧体制によって黙認され画策されていた違法行為が、共和制の権力にとってはもはや黙認できないものになったという理由によって、明らかに説明できる。しかし、西欧の共和制、君主制に共通していることは、自らを法的な一貫した代表とするために、権力の前提的原理として〈法〉という抽象的実体をうちたてたことである。「法的モデル」は、戦略的な地図を被い隠してしまった。[10] しかし、違法行為の地図は、合法性モデルの裏で機能し続けている。

(9)『監獄の誕生』八四〔八五〕、二七八〔二七一〕。「ル・モンド」紙インタビュー、一九七五年二月二一日、「不法行為は偶発事ではない。多かれ少なかれ不可避な不完全性といったものではない……究極的には、法は、何らかのタイプの行動を阻止するためにあるのではなく、法そのものを回避する方法を区別するために作られる」。

(10)『知への意志』一一四〜一二〇〔一一三〜一一八〕、一三五〔一三二〕。フーコーは決して、「法治国家」の崇拝に与したことはないのである。そして彼によれば、法律尊重主義的概念は、抑圧的概念よりもましなものではない。それに、二つの場合ともいわば権力概念は同じなのである。法は、一方の場合は、ただ欲望に対する外的な反動として現われるのだが、もう一方の場合は、欲望の内的条件として現われるのである。『知への意志』一〇九〔一〇八〕。

そしてフーコーは、法が一つの平和状態ではなく、また勝利した戦争の結果でもないことを示す。つまり、法そのものが戦争であり、この戦われている戦争の戦略なのである。権力が、支配階級の手にいれる所有物ではなく、権力の戦略の現実的な行使であるのと同じことである。

あたかもマルクス以後ついに新しい何かが出現したかのようだ。国家をめぐる共犯関係が、ついに断ち切られたかのようだ。フーコーは、ある種の概念を再考しなくてはならない、と言うのにとどまってはいない。彼は、それを言うことさえしないで、ただそれを行ない、実践のための新しい座標を提起するのだ。背後では、一つの闘いが不気味な音を轟かせている。これにともなう局地的戦術、総体的戦略は、全体化によってではなく、あくまで中継、接続、集中、延長などによって実現されるのだ。確かに重要なことは、何をなすべきか、という問いである。権力装置としての国家に与えられている理論的な特権は、何らかの形で、国家権力の奪取にむかう指導的、中央集権的な党派の実践的な概念をともなっている。しかし逆に、党派に関するこの組織中心的な概念こそは、このような権力の理論によって正当化されているのだ。これとは別の理論、別の闘争の実践、別の戦略的組織が、フーコーの本の狙いである。

その前に書かれた本は『知の考古学』であった。『監獄の誕生』はどのような展開を示しているだろうか。『考古学』は、単なる反省の本、一般的方法についての本ではなかった。それは、以前の書物に対して逆作用を及ぼす新たな折り曲げに似た、新たな方向づけであった。『考古学』は、二種類の実践的な形成を区別することを提唱していた。一つは、「言説的」形成あるいは言表の形成であり、もう一つは、「非言説的」形成あるいは環境の形成である。例えば、十八世紀末の臨床医学は、一つの言説的形成である。しかし、これ自体が大衆や人口などと関わっている。大衆や人口は、別のタイプの形成に依存し、「制度、政治的実践的事件、経済的過程」などの非言説的環境をともなうのである。確かに環境もまた言表を生み出し、言表もまた環境を規定する。二つの形成はたがいに浸透しあっているが、それでも非等質である。そこには、対応関係も、同形性も、直接的因果性も、象徴的な関係もないのである。[11]だから『考古学』は蝶番の役割を演じたのである。この本は、二つの形態の厳密な区別を提唱したが、言表の形態を定義することを課題としていたので、もう一つの形態の方は、「非言説的」として、否定的にあつかうだけに留まっている。

(11)『知の考古学』二一二〜二一三〔二四六〜二四七〕。

『監獄の誕生』は、新しい一歩を踏み出すのである。例えば、監獄という一つの「物」が存在する。これは環境の形成（監禁的環境）であり、また内容の形態である（内容とは囚人である）。しかし、この物またはこの形態は、これを指示する一つの語に帰着するものではなく、これをシニフィエとするシニフィアンに帰着するのでもない。監獄は「犯罪行為」や「犯罪者」のような全く別の語、別の概念にかかわり、これらの語、概念は、違反や、罰や、違反と罰の主体を言表する新しい方法を表わすのである。このような言表の形成を表現の形態と呼ぶことにしよう。ところで、二つの形態は十八世紀という同じ時期に現われたのだが、やはりたがいに非等質である。刑法は、社会の防衛に関わる罪と罰を刑法に言表させるようになる一つの発展の中に浸透している（それはもはや、君主の復讐、君主の復活とは無関係である）。刑法は、魂や精神にむけられ、違反と罰との間に観念連合を成立させる記号（コード）である。しかし監獄は、身体に影響するための新しい方法であり、刑法とは全く別の地平からやってくる。「監獄という、このあらゆる規律の集中された、厳格な形は、十八世紀から十九世紀への曲がり角で定義された刑罰の体系の内部に発した要素ではない」[12]。つまり刑法は、犯罪について〈言表可能なもの〉に関わるのである。刑法は、違反を分類し、翻訳し、刑罰を計算する言語の一体制である。それは、言表の〈族〉であり、また敷居なのである。ところが、監獄の方は〈可視的なもの〉に関わっている。それは単に、罪と罪人を見えるようにするだけではなく、それ自体ある種の可視性を構成し、石で作られた形態である前に光の体制である。監獄は「一望監視方式」(Panoptisme)によって、つまり視覚的なアレンジメントと光学的環境によって定義されるのだ。この方式においては、看守は見られることなくすべてを見ることができ、囚人はいつも見られるだけで、自分が見ることはできない（中心の塔と周辺の独房）[13]。光の体制と言語の体制とは、同じ形態ではなく、同じ形成をもたない。フーコーが以前の本でこれら二つの形態をたえず研究していたということを、いま私たちはもっとよく理解できる。『臨床医学の誕生』では、可視的なものと言表可能なもの、と彼は言い、『狂気の歴史』では、施療院で見られるものとしての狂気と医学で言表されるものとしての非理性、と彼は言っていた（そして、十七世紀には、治療を行なうのは施療院ではなかった）。『考古学』が認識してはいながら、非言説的環境として否定的

(12)『監獄の誕生』第二部第一章（刑罰の改善運動とその言表）、そして第二章（いかに監獄が、この体系には属さないで、他のモデルに関わるか）。

(13)『監獄の誕生』第三部第三章（「一望監視装置」の描写）。

にしか指示していなかったものが、『監獄の誕生』でついに肯定的な形態を発見するのだ。言表可能なものと区別されるこの可視的なものの形態は、フーコーの全著作のたえまない関心であった。例えば、十九世紀の始め、大衆と人口は可視的なものとなって光を浴び、同時に、医学的な言表は新しく言表可能なものを獲得する（生物組織の損傷と生理解剖学的な相関性……）[14]。

もちろん内容の形態としての監獄は、それ自体独自の言表と規則体系をもっている。もちろん表現の形態としての刑法、犯罪行為の言表は独自の内容をもっている。ただし、それは新しいタイプの違反であり、個人に対する攻撃というよりは、むしろ財産の侵害なのである[15]。そして、二つの形態はたえず接触しあい、たがいに浸透し、たがいの線分を奪いあうのである。刑法はたえず監獄にむけられ、囚人を送り続けるが、一方監獄はたえず犯罪行為を再生産し、犯罪行為を一つの「対象」とする。そして、刑法が異なる仕方で計画した目標を、監獄も実現し続けるのである（社会の防衛、受刑者の変容、刑の変化、個人化）[16]。二つの形態は、相互に前提しあうものである。しかしそこには共通の形態があるわけではなく、一致も対応もないのである。この点で『監獄の誕生』は『考古学』が提起していなかった二つの問題を提起することになる。『考古学』は〈知〉にとどまり、知における言表の優先性にとどまっているからである。第一に、形態の外に、社会的領野に内在する共通な原因が一般に存在するだろうか。第二に、二つの形態のアレンジメント、調整、相互浸透は、どんなふうにして、具体的なケースにおいて様々な仕方で可能になるのだろうか。

形態は、二つの方向で言われるのである。形態は素材を形成し、あるいは組織する。形態はまた機能を形成し、あるいは目的化し、機能に目標を与えるのである。監獄だけでなく、病院、学校、兵舎、工場もまた、形成された素材である。罰することは、形式化された一つの機能である。看護する、教育する、調教する、労働させる、なども同じである。二つの形態は独立したものだが（実際、看護は十七世紀の施療院とは無関係で、十八世紀の刑法は本質的に監獄と関わりがない）、現実には、一種の対応関係が存在するのである。それでは、相互の整合はどのようにして可能なのだろうか。まず素材と機能を具体化する形態を抽象するなら、私たちは純粋な素材と純粋な機能

(14)『知の考古学』二一四〔二四八〕。
(15)『監獄の誕生』七七〜八〇〔七九〜八二〕（違反の進化と変化について）。
(16)『監獄の誕生』第四部第一章と第二章。どのようにして、監獄が第二の段階で君臨し、刑罰の体系と関わりながら、犯罪行為を「生み出し」、あるいは「対象としての犯罪行為」を構成するか（二八二〔二七五〕）。

をとらえることができるはずだ。フーコーは〈一望監視方式〉を定義するとき、監獄を規定する光学的なあるいは光のアレンジメントとしてそれを定義したり、また一般に可視的な素材（監獄だけでなく、工場、兵営、学校、病院など）に適用されるだけでなく、あらゆる言表可能な機能に浸透する機械としてそれを抽象的に定義したりする。それゆえ、〈一望監視方式〉の抽象的な定式は、もはや「見られることなしに見る」ではなく、何らかの人間的多様体に何らかの行動を強制することである。私たちは、次のことだけを確かめておこう。問題となる多様体は、ある制限された空間に縮小されておさめられること、そして行動の強制は、空間への配分、時間における整序と系列化、空間‐時間における編成などによって実現されること……[17]。これは未限定のリストであるが、まだ形成され組織されていない素材、そして、まだ形式化され目的化されていない機能、つまり一体になった二つの変数に関するリストである。この、無形の新しい次元を何とよべばいいだろうか。フーコーは、一度これに、実に厳密な名前を与えたことがある。それは「ダイアグラム」である。つまり「あらゆる障害、摩擦の、抽象的な機能である……。そしてわれわれは、あらゆる特別な用途から、これを分離しなければならない」[18]。ダイアグラムは、聴覚的であれ、視覚的であれ、もはや古文書《アルシーヴ》ではない。それは地図であり、地図作成法であり、社会的領野の全体と共通な広がりをもつ。それは抽象的な機械なのである。無形の機能と素材によって定義され、表現と内容のあいだ、言説的形成と非言説的形成のあいだに、どんな形態の区別も設けない。それが見ること、話すことを可能にするのだが、それ自体はほとんど無言で盲目の機械である。

ダイアグラムに多くの機能と素材があるとすれば、それはどんなダイアグラムも、一つの空間－時間的多様体だからである。しかしそれはまた、歴史のなかの社会的領野と同じほど数多くのダイアグラムが存在するからでもある。フーコーがダイアグラムの概念をもちだすのは、権力があらゆる領野の碁盤割りを実現するようになる近代

(17) このような厳密性は、『知への意志』が、もう一つの純粋な物質－機能の対を発見することになるので、なおさら必要なものとなる。こんどは、不特定の多様体は、開かれた空間のなかで多数となり、機能はもはや行為を強制することではなく「生を統治する」ことになる。『知への意志』は、二つの対を対立させるのである。一八二〜一八五〔一七六〜一七八〕。私たちはこの点については後でまた触れることにしよう。

(18) 『監獄の誕生』二〇七〔二〇六〕（フーコーはこの点について、〈一望監視方式〉は、単に「建築的光学的体系」と考えられていた限りは不十分な定義しか得ていなかった、と確認している）。

の規律的社会にかかわってのことである。もしそのモデルがあるとすれば、それは「ペスト」のモデルである。ペストのモデルは病んだ都市を碁盤割りにし、どんな小さな細部にも広がっていく。しかし、古代の王権社会を考えると、別の素材、別の機能をもってであるが、やはりそこにもダイアグラムがないわけではないことがわかる。ここでもまた、一つの力は、他の様々な力に作用するのだが、組み合せ、編成するよりもむしろ、天引きすることを目ざすのである。また、細部を截断することよりもむしろ大きな群を分割すること、碁盤割りにすることよりもむしろ追放することを目ざすのである（これは「癩病」のモデルである）[19]。この方は、異なるダイアグラム、異なる機械であり、工場よりも演劇に近い。要するに、別の力関係なのである。さらにある社会から別の社会への移行過程として、媒介的なダイアグラムも考えられる。ナポレオンのダイアグラムはこのようなもので、その場合、「主権の君主制的、儀式的な実践と、無限定な規律の階層的かつ恒常的な実践とが結合する点で[20]」、規律の機能は君主の機能と結合している。つまり、ダイアグラムは、実に不安定で、流動的で、突然変異を生じさせるような仕方で、素材と機能をたえずかきまわすのだ。結局、どんなダイアグラムも、いくつかの社会にまたがっており、生成途上のものである。それは決して既存の世界を再現するように機能することはなく、新しいタイプの現実、新しい真理のモデルを作り出す。それは歴史の主体ではなく、歴史の上にそびえ立つ主体でもない。それは先行する現実や意味を解体し、これに劣らず多くの出現や創造性の点、予期しない結合、ありそうもない連続体を構成しながら、歴史を作り出すのである。ダイアグラムは生成によって歴史を追い越すのである。

どんな社会も、一つであれ複数であれ、そのダイアグラムをもっている。明らかに定義された系列にだけ分析を加えようと配慮したフーコーは、一度も、未開といわれる社会に直接関心をよせたことはなかった。このような社会もまた、ほとんど過度なほど、ダイアグラムの好適な例なのである。なぜなら、政治や歴史をもたないどころではなく、このような社会は、縁組の組織網をもっていて、それは親族の構造から推論されるものでも、血族間の交換関係に還元されるものでもないからである。縁組は小さな局所的集団を経由し、力関係（贈与と逆贈与）を構成し、権力を操作する。ダ

⒆　二つのタイプの対立については、『知への意志』一七八～一七九〔一七二～一七三〕。そして癩病とペストとの典型的な対立については『監獄の誕生』一九七～二〇一〔一九八～二〇二〕。
⒇　『監獄の誕生』二一九〔二一七〕。

イアグラムはここで構造との違いを明らかにする。縁組は、柔軟で横断的な組織網、また垂直的な構造に対して水平的な組織網を編成し、どんな結合法とも区別される実践、方式、戦略を決定し、閉じた交換のサイクルではなく、恒常的な不均衡状態にある不安定な物理的状態を形成するからである（ここから、リーチとレヴィ＝ストロースの論争が発し、あるいはまたピエール・ブルデューの戦略の社会学が生まれる）。私たちは、だからといってフーコーの権力の概念が、特に未開社会に好都合である、と結論したいのではない。彼は未開社会について語ってはいないのである。私たちが言いたいのはむしろ、彼が語っている近代社会の方は、その力関係や特有の戦略などを表出するダイアグラムを発達させている、ということである。実際、未開社会の家系や、近代的な制度といった大きな集合の背後に、そこから発生してくるのではなく、反対にそれを構成しているミクロな関係を探究することは、いつでも可能である。ガブリエル・タルド*はミクロ社会学を創設しながら、まさにこのことを実現していたのだ。彼は社会的なものを、個人によって説明するのではない。彼は極小の関係を指摘しながら、大きな集合を説明する。信念や欲望の、ある傾向の伝播にほかならない「模倣」（量子）、模倣の二つの傾向の遭遇としての「発明」……これらは、単なる暴力を上回るものであり、まさに力関係なのである。

ダイアグラムとは一体何であろうか。それは、権力を構成する力関係の表出であり、先に分析されたような特性にしたがうのである。「一望監視の装置は、ある権力機構と機能とのあいだの単なる蝶番や、交換手ではない。それは権力関係を一つの機能において作動させ、これらの権力関係によって一つの機能を作動させる方式である」[21]。私たちは、力関係、あるいは権力関係は、ミクロ物理学的、戦略的であり、多数の点からなり、拡散していること、このような関係が特異性を決定し、純粋な機能を構成することを見た。ダイアグラムあるいは抽象機械は、力関係の地図であり、濃度、強度の地図であり、局在化されることのない一次的な関係によって作動する。そして、一瞬一瞬あらゆる点を通過し、「あるいはむしろ、点から点のあらゆる関係[22]」を通過するのである。確かにそれは、超越的な〈理念〉や、イデオロギー的上部構造とは何の関係もない。また、すでにその実体において特徴づけられ、その形態と用途を定義されている経済的な下部構造とも、やはり関係がない。それでもやはり、ダイアグラ

(21)『監獄の誕生』二〇八〔二〇八〕。
(22)『知への意志』一二二〔一二〇〕（「権力は至るところにある。すべてを統轄するからではない、至るところから生じるからである」）。

ムは、統合されることのない内在的原因、しかも社会的領野の全体と共通の広がりをもつ内在的原因として作用するのである。抽象機械は、社会的領野の関係を実現する具体的アレンジメントにとっては原因のようなものである。そして力関係は、それが生み出すアレンジメントの「上側ではなく」、その織物のなかを通るのである。

内在的原因とはこの場合何を意味するのだろうか。それは、その結果において現実化され、その結果に統合され、その結果において差異化されるような原因である。あるいはむしろ内在的原因とは、その結果が原因を現実化し、統合し、差異化するような原因である。だから、原因と結果、抽象機械と具体的アレンジメント(フーコーはおおむねこれに「装置」という名をあてている)との間には、相関性、相互的前提が存在している。結果が現実化を行なうというのは、力の関係あるいは権力関係は、その流動的な素材と拡散した機能に一つの形態を与えうる、目に見える集合に入らないかぎり、どこまでも潜在的、可能的、不安定で、消えやすく、分子的なままであり、ただ相互作用の可能性、確率性を定義するだけだからである。しかし、現実化はまた統合作用であり、最初は局所的、ついで包括的になる、あるいは包括的になろうとする漸進的な統合作用の総体であり、力関係の整序、等質化、総和などを実現する。つまり法は、不法行為の統合にほかならない。学校、作業場、軍隊……などの具体的アレンジメントは、特徴づけられた実体（子供、労働者、兵士）や目的化された機能（教育など）に対して統合作用を及ぼし、〈国家〉にまで、あるいは場合によっては世界的な〈市場〉にまでいたって、包括的な統合をめざすのである。[23] 結局、現実化＝統合作用は、差異化にほかならない。現実化されつつある結果が至上の〈統一性〉であるからではない。逆に、ダイアグラムの多様体が現実化されることも、力の微分が積分されることも、様々な経路にそれらが踏み込み、二元論に配分されたり、差異化の線をたどったりするときはじめて可能になるからだ。このような差異化の線がなければ、すべては原因が実現されないで拡散した状態にとどまってしまう。現実化は、二重化あるいは分離によって、また様々な形態を創造してその間にみずからを分割することによって、はじめて実現されるのだ。[24] だから、まさにここで、階級や、統治されるものと統治するもの、公的と私的といった二分法が現われることになる。しかし、

(23)　統合的要素、特に国家が権力を説明するものではなく、むしろ統合的要素が権力関係を前提とし、統合的要素はこの関係を更新し、安定化するのにとどまることについては、『知への意志』一二二〜一二四（一二〇〜一二二）、また「リベラシオン」紙一九八四年六月三〇日のフーコーの記事を参照（「政府に対しては、人権を」『ミシェル・フーコー思考集成X』筑摩書房）。

さらにまたここではじめて、二つの現実化の形態が、分裂し、差異化するのだ。表現の形態と内容の形態、言説的形態と非言説的形態、言表可能なものの形態と可視的なものの形態というふうに。内在的原因は、その素材においてもその機能においても、形態をもたないからまさに、ある中心的な差異化にしたがって現実化されるのである。この差異化が、一方で可視的な素材を形成し、他方で言表可能な機能を形式化することになる。可視的なものと言表可能なもののあいだには、ある裂け目、ある分離がある。しかし、この形態間の分離は、無形のダイアグラムが滑りこみ、二つの方向に具体化されるような場所となる。フーコーはこれを「非場所」と呼ぶのだ。二つの方向は必然的に分散し、差異化し、たがいに還元不可能である。だから、具体的アレンジメントは間隙によって引き裂かれ、抽象機械はこの間隙にしたがって実現されるのである。

『監獄の誕生』によって提起された二つの問題の答えは、次のようなものである。一つは、形態あるいは形成の二元性は、決して無形なものにおいて作用する内在的な共通原因を排除するものではない、ということである。もう一つは、おのおのの場合、おのおのの具体的装置について想定されるこのような共通原因は、たとえ二つの形態が、還元しがたく、異形的であり、またそうであり続けるとしても、やはり二つの形態の諸要素、あるいは諸線分のあいだの混合、捕獲、妨害などをたえず測定し続ける。どんな装置も、可視的なものと言表可能なものを混合するお粥のようなもの、といってても過言ではない。「刑務所のシステムは、同一の形態において、言説と建築を」、プログラムとメカニズムを「連結している」[25]。『監獄の誕生』は、フーコーが以前の本における見掛け上の二元論を明白に越えようとした本である（この二元論はすでに、多様体の理論にむかって、越えられようとしていた）。知が、可視的なものと言表可能なものを交錯させるものだとすれば、権力は、知の前提的原因であり、逆に権力は、行為に移るために欠くことのできない分岐や差異として知を必要とする。「知の領野が相関的に成立することなしには権力関係は存在しないし、権力関係を同時に想定し構成することのない知は存在しない」[26]。知は、力関係が中断されるところにだけ現われると信じるのは、誤謬、偽善である。権力のタイプにかかわることのない真理のモ

(24)「差異化の内的条件」としての権力関係については、『知への意志』一二四〔一二二〕を見よ。ある潜在的なものの現実化は、つねに一つの差異化である。このテーマは、例えばベルクソンによって深く分析されていることがわかるはずだ。
(25)『監獄の誕生』二七六〔二六九〕。
(26)『監獄の誕生』三二〔三二〕。

デルは存在しないし、まさに行使されている権力を表現し、現実に巻き添えにすることのない知、あるいは科学さえも存在しないのだ。あらゆる知は、可視的なものから言表可能なものへと移動し、また逆に移動する。しかし、それらを全体化する共通の形態など存在しない。一致も、一対一対応もない。存在するのはただ、横断的に作用し、形態の二元性に自分自身の行為と現実化の条件を見出すような力関係である。もし、形態のあいだに整合性があるとすれば、それは、形態の「出会い」から生まれるのである（ただし、出会いは強制されなければならない）。「出会いは、それが確立した新しい必然性によって、はじめて正当化される」。こうして、監獄の可視性と、刑法の言表とが出会うのである。

フーコーは、抽象的なものにせよ、具体的なものにせよ、どんなものを機械とよぶのだろうか（彼は「監獄機械」について語るだろう。また、学校機械、病院機械についても……）[27]。具体的な機械、それはアレンジメントであり、二つの形をもつ装置である。抽象機械、それは無形のダイアグラムである。要するに機械は技術的である以前にまず社会的である。あるいはむしろ、物質に関する技術が存在する前に、人間に関する技術が存在するのだ。物質に関する技術は、確かにその効果を社会的な領野の全体に広げていくが、この技術が可能になるためには、まず道具や物質的機械がダイアグラムによって選択され、アレンジメントによって引き受けられなければならない。歴史家たちは、しばしばこのような要請に出会ったのである。いわゆる装甲歩兵の武器は、密集軍団（ファランクス）のアレンジメントに導かれる。あぶみは封建制のダイアグラムによって選択される。土を掘る棒、鍬、鋤は、直線的な進歩を形成するのではなく、それぞれ人口密度や休耕の時間によって変化する集団機械に帰着するのである。(28) フーコーは、このことについて、銃が道具として存在するのは、なぜ「もはや機動的なあるいは不動の群集を原理とするのではなく、分割可能で編成可能な線分の幾何学を原理とする機械じかけ(29)」においてのみなのかを説明する。だからテクノロジ

(27)『監獄の誕生』二三七〔二三四〕を参照。

(28) フーコーが、現代の歴史家と結んだ関係の一つはこのようなものである。土を掘る棒等々に関しては、ブローデルは「道具は、結果であって原因ではない」と言っている（『物質文明と資本主義』Braudel, *Civilisation matérielle et capitalisme*, I, 128）。装甲歩兵の武器に関しては、ドゥティエンヌは「技術は、ある意味で、社会的なもの、心的なものの内部にある」と言う（『古代ギリシャにおける戦争の問題』Detienne, *Problème de la guerre en Grèce ancienne*, Mouton, 134）。

(29)『監獄の誕生』一六五〔一六六〕。

ーは、技術的である以前に社会的である。「高炉や蒸気機関の傍らで、一望監視方式はあまり歓迎されはしなかった……。しかし規律の方式を、蒸気機関のような発明と対立させるのは公正を欠くだろう。規律の方式は、はるかにそれ以下のものであったが、見方を変えればはるかにそれ以上のものでもあった」[30]。そして、狭い意味での技術がアレンジメントのなかに導入されるのは、アレンジメントそのものがその技術とともに、ダイアグラムによって選択されるからである。例えば監獄は、王権社会では周縁的な存在にすぎないかもしれない（封印状）。監獄が装置として存在するのは、新しいダイアグラム、つまり規律のダイアグラムによって、監獄がその「技術的な敷居」[31]を越えるときである。

あたかも、抽象機械と具体的アレンジメントは二つの極を形成していて、私たちは、一方から他方へひそかに移動するかのようである。アレンジメントは、隔壁、気密性、形式的非連続性などによって確実に分離された、堅い、濃密な線分に配置される（学校、軍隊、作業場、場合によって監獄。そして、私たちは軍隊に入るとすぐ言われる。「ここはもう学校じゃないからな」……）。また逆にアレンジメントは、しなやかな、拡散したミクロな線分性を自身にもたらす抽象機械のなかで交通しあう。こうしてあらゆるアレンジメントはたがいに似たものになり、監獄は、形のない同じ機能の変数、ある連続した機能の変数として、他のアレンジメントを貫通して広がるのである（学校、兵営、作業場は、すでに監獄である……）[32]。一つの極から、別の極へ私たちが移動することをやめないのは、おのおののアレンジメントが一定の度合で抽象機械を実現するからである。この度合は、ダイアグラムの実現の係数のようなものである。そして、度合が高くなるほど、アレンジメントは、他のアレンジメントに拡散していき、社会的領野の全体をおおうにふさわしくなる。こうしてフーコーの方法はそれ自体、最高度のしなやかさを獲得する。なぜなら、係数はまずアレンジメントのあいだで変化するからである。例えば海軍病院は、様々な行程の交差点に作られ、あらゆる方角にフィルターやインターチェンジを広げ、あらゆる種類の移動性を制御し、この移動性が海軍病院を高度の交流の場にし、ダイアグラムの全体をおおうにふさわしい医学的空間にしたのである[33]。しかし、同一のアレンジメントに対応する係数は、ある社会的領野から別のそれに移るとき、あるいは同一の社会的領野においても変化するもの

(30)『監獄の誕生』二二六〔二二四〕。
(31)『監獄の誕生』二二五〔二二四〕を参照。
(32)『監獄の誕生』三〇六〔二九九〕は本質的なテキストである。

である。こうして監獄には三つの段階が存在する。王権社会の監獄は、刑罰の他のアレンジメントから離れてしか存在しない。それは王権のダイアグラムを低い度合でしか実現しないからである。反対に、監獄はあらゆる方向に拡散しはじめ、刑法の目的をになうだけでなく、別の様々なアレンジメントに浸透する。それは、監獄が規律のダイアグラムの要請を、高度に実現するようになるからである（監獄が以前に果たしていた役割への「悪評」に打ちかつ必要がまだあった）。そして最後に、もし規律的社会が発達しながら、刑罰という目的を実現し、ダイアグラムをその広がり全体に対して実現するために他の手段を見出すことができるなら、あいかわらず監獄にこの高い係数を与えたままにしておくのがいいか、もう確かではない。このため、監獄制度の改革というテーマが社会的領野にますます浸透するようになり、ついには監獄からその模範性を奪って、局地的で、限られ、孤立したアレンジメントの状態にまで落としてしまう。(34) あたかも監獄が、浮きのように、規律的ダイアグラムの実現の目盛りを上ったり下ったりするかのようにすべては展開する。ダイアグラムの生成と様々な変動が存在するように、様々なアレンジメントの一歴史が存在するのである。

このことは、単にフーコーの方法の特徴にはとどまらず、彼の思考の一つの重大な成果に属する。人はしばしば、まるでフーコーが何よりもまず監禁についての哲学者であるかのように考えた（『狂気の歴史』における施療院、『監獄の誕生』における監獄）。しかし全くそうではない。そしてこのような曲解は、彼の包括的な試みをとらえることを不可能にしてしまう。例えばポール・ヴィリリオは、近代社会の問題や「警察」の問題は、監禁の問題ではなく、「交通路」の、速度と加速の、速度の支配と制御の、開かれた空間における回路と碁盤割りの問題であることを強調しながら、フーコーに反論していると信じている。ところがフーコーは決して別のことをいったわけではない。それは、この二人の書き手において一致している要塞の分析や、フーコーの海軍病院の分析が示している通りである。ヴィリリオの場合、このような誤解は深刻なものではない。ヴィリリオ自身の試みの力と独創性が、自立的な哲学者たちの出会いは、いつも盲目の地帯で行なわれることを証言しているからである。逆に、あ

(33)『監獄の誕生』一四五〜一四六〔一四九〕（「医学的な監視は、ほかの一連のすべての取締りと相互に緊密である。例えば、脱走兵にかんする軍事上の、商品にかんする税務上の、医薬・食糧・行方不明・治療・死亡・仮病にかんする行政上の、それぞれの取締りと」）。
(34) 刑罰の改善の傾向、監獄が含蓄に富む形態ではなくなる理由については、『監獄の誕生』三一二〜三一三〔三〇五〜三〇六〕を参照。

まり才のない書き手がお馴染みの批判を繰り返して、フーコーは監禁に固執していると非難したり、逆にこのような形態を実に巧みに分析したことを褒めたりしているときは、もっと深刻である。事実、監禁はフーコーにとって二次的な事項にすぎず、第一の機能から派生した二次的な与件であり、場合によって大きく変化するものである。そして、十七世紀に、施療院や保護院が狂人を閉じ込めるのと、十八、十九世紀に、監獄が犯罪者を閉じ込めるのとは、まったく違う仕方で行なわれるのである。狂人の監禁は、「追放」の様式、癩病患者のモデルにしたがって行なわれる。犯罪者の監禁は、「碁盤割り」の様式、ペスト患者のモデルにしたがって行なわれるのだ。(35) この分析は、フーコーの最も美しいページの一部をなしている。しかしまさに、追放することと、碁盤割りにすることとは、まず外部性の機能であって、監禁の装置によって実現され、形式化され、組織されるほかないものである。硬い（独房に区切られた）線分性としての監獄は、しなやかで可動的な機能、制御された交通、自由な環境にも浸透して監獄などなしですますことを教えてくれる、ある組織網の全体にかかわるのである。それはいくらか、カフカの「無制限の引き伸ばし」に似ている。それはもう、逮捕も処刑も必要としないのだ。ブランショがフーコーについて述べたように、監禁は外にかかわり、監禁されるものは外にほかならない。(36) アレンジメントが監禁を行なうのは、外においてであり、または排除によるのである。そして、身体的監禁と同じことが、心理的な内部についても起きる。フーコーはしばしば、言説的なものの形態、非言説的なものの形態を引き合いにだす。しかし、これらの形態は何も監禁しないし、何も内面化しない。それらは「外部性の形態」であって、それらを通じて言表は、あるいは可視的なものは分散していくのだ。それは一般に一つの方法の問題なのである。見かけの外部性から、本質的にみえる「内部の核心」に行き着くのではなく、言葉と物を、それら自体を構成する外部性に返してやるために幻想的な内部を斥けなければならないのだ[37]。

少なくとも三つの相関的な審級を区分することさえも必要であろう。まず、力の無形の要素としての外が存在する。力は外からやってきて外に依存し、外は力関係を攪乱し、力関係のダイアグラムを抽出する。さらに具体的なアレンジメントの環境として、外部が存在する。力関係はそこで現実化されるのである。最後に、外部性の形態

(35)『監獄の誕生』一九七～二〇一〔一九八～二〇二〕（そして『狂気の歴史』第一章）。
(36)ブランショ『無限の対話』Blanchot, *L'entretien infini*, Gallimard, 292.
(37)歴史と「外部性の体系的な形態」については、『知の考古学』一五八～一六一〔一八四～一八八〕を参照。

が存在する。現実化は、差異化されたがいに外部にあってアレンジメントを分かちあう二つの形態の分裂、分離において起きるからである（監禁や内面化は、これらの形態の表層上の過渡的な姿にすぎない）。私たちは、後でこれらの全体が「外の思考」において現われる通りに分析してみよう。しかしこのことはすでに、フーコーにおいて実は何も監禁するものなど存在しない、ということを説明している。形態の歴史、つまり古文書は、力の生成つまりダイアグラムによって二重化される。つまり力は「点から点のあらゆる関係」のうちに現われるのだ。ダイアグラムは地図である。あるいはむしろ数々の地図が重なったものである。そして、あるダイアグラムから別のダイアグラムへと新しい地図が取り出される。だから、ダイアグラムは、ダイアグラムが連結する数々の点の傍らに、比較的自由で、解き放たれている点、創造や、変動や、抵抗の点を必ずもっている。そして、おそらく、今出てきた全体を理解するには、このような様々な点から出発しなくてはならないのだ。ダイアグラムの継続、あるいはその不連続性を超える新たな連結を理解するには、それぞれの時代の様々な「闘争」、闘争のスタイルから出発しなくてはならない。(38) なぜならその一つ一つが、外の線がねじまげられる仕方を示しているからだ。メルヴィルは、この外の線、始めも終わりもなく、抵抗のあらゆる点を通過し、いつも最も新しいものに関わりながら、ダイアグラムを動揺させ、衝突させる大洋の線について語っている。一九六八年は、なんと興味深い線のねじれであったことか。無数の逸脱でできた線！　ここから書くことについて三つの定義が生まれる。書くことは抵抗すること。書くことは生成すること。書くことは地図を作ること。「私は一人の地図作成者である……」[39]。

(38)『監獄の誕生』は「戦いのとどろき」について語りながら、突然中断されるのである（「私はここでこの本を中断する……」、三一五〔三〇八〕）。「抵抗点」の主題を抽出するのは『知への意志』（一二六～一二七〔一二三～一二四〕）であり、力のダイアグラムとの関連で、闘争のタイプを分析するのはそれ以後のテキストである（ドレイファス／ラビノウ、三〇一～三〇四〔二九〇～二九一〕）。

(39) インタビュー（『ヌヴェル・リテレール』*Nouvelle littéraire*, 17 mars, 1975〔「尋問の椅子で」『ミシェル・フーコー思考集成V』筑摩書房〕）。

# トポロジー、「別の仕方で考えること」

# 地層あるいは歴史的形成物、可視的なものと言表可能なもの（知）

地層は歴史的な形成物、つまり実定性あるいは経験性である。地層は「堆積層」であって、物と言葉、見ることと話すこと、見えるものと言いうるもの、可視性の地帯と、解読可能性の領野、内容と表現によって形成されている。私たちはこの最後の用語をイエレムスレウから借用する。しかし、全く異なる意味でそれらをフーコーに適用するためである。なぜなら、内容はもはやシニフィエとは一致せず、表現もシニフィアンと一致しないからである。大変厳密な新しい分割が必要となる。内容は、一つの形態と一つの実質をもっている。例えば、監獄とそこに監禁されるもの、囚人たちである（誰が、なぜ、どんなふうに）[1]。表現もまた、一つの形態と一つの実質をもつ。例えば刑法、そして言表の対象としての「犯罪行為」である。表現の形態としての刑法が一つの発話可能性の領野（犯罪行為の言表）を定義するように、内容の形態としての監獄は一つの可視性の場を定義する（「一望監視方式」、つまり見られることなしに、たえずすべてを見ることができるような場）。この例は、フーコーが『監獄の誕生』のなかで行なっている、地層についての最後の偉大な分析によるものだ。しかしすでに『狂気の歴史』もこのことに触れていた。古典主義時代において、保護院は狂気の可視性の場として登場し、同時に医学は「非理性」についての基礎的な言表を定式化した。この二つの本のあいだに、同時に書かれた『レーモン・ルーセル』と『臨床医学の誕生』がある。一方は、どのようにしてルーセルの著作が二つの部分に分かれるか、つまり異様な機械による可視性の発見と、奇抜な「過程」による言表の生産とに分かれるかを示している。もう一つの本は、全く別の領域で、臨床医学と病理解剖学とが、どのように、「可視的なものと言表可能なもの」のあいだに可変的な配分を生じさせるか示しているのだ。

一つの時代は、それを表わす言表や、それを満たす可視性に先だって存在するのではない。これらは二つの本質的な側面なのである。一方で、おのおのの地層、おのおのの歴史的形成は、可視的なものと言表可能なものとの再分配をともなう。再分配は地層そのものについて行なわれるのである。他方で、一つの地層から別の地層へと、分配の変化がおきる。なぜなら、可視性そのものが様態を変更し、言表そのものが体制を変更するからである。例えば「古典主義時代」において、保護院は、中世やルネッサンスのそれとはまったく異なった狂人についての新しい見方、見せ方として現われた。そして、医学の方も、法律、規制措置、文学などとともに、新しい概念としての非理性に関する言表の体制を作り出した。もし、十七世紀の様々な言表が、極度の非理性としての狂気（鍵となる概念）を登録しているとすれば、保護院あるいは監禁は、狂人たちを浮浪者、貧民、無為徒食の人々、あらゆる種類の倒錯者などと結合する一つの集合のなかに、狂気を包みこんでしまう。ここには、一つの言説の体制だけでなく、ある「明白性」、歴史的知覚、あるいは感受性がある。(2) そして後に、別の条件のもとで、こんどは監獄が、罪の新しい見方、見せ方となり、犯罪行為は、新しい言い方となる。言い方と見方、言説性と明白性、おのおのの地層は、二つの組み合せからなり、一つの地層から他の地層へと移るたびに、二つのものの変化、それらの組

（1）「形態としての監獄」について、またそれと同時代の表現の形態（例えば刑法）との差異については、『監獄の誕生』二三三〔二三一〕を参照。

（2）十七世紀の施療院の「明白性」、これが、後に消滅することになる「社会的感受性」をともなうことについては、『狂気の歴史』六六〔八一〕を参照。また同様に「監獄の明白性」については、『監獄の誕生』二三四〔二三二〕。

み合せの変化がある。フーコーが〈歴史〉に期待するものは、それぞれの時代における、可視的なものと言表可能なものとのこのような規定である。この規定は、行動や心性や思想を可能にするものなのだから、これらを超えるものである。しかし、歴史家たちの新しい発想と関わりながら、〈歴史〉を再生させるそれ自体新しい独特の哲学的な問い方をフーコーが発見することができたからこそ、〈歴史〉は答えるのだ。

方法論的な結論を引き出し、地層化の二つの要素、つまり言表可能なものと可視的なもの、言説的形成と非言説的形成、表現の形態と内容の形態に関する一般理論をつくりあげるのは『知の考古学』である。この本はしかし、言表に根本的な優先性を与えているように思われる。可視性の地帯は、もはや否定的にしか、言表の領野に対して補完的なものにすぎない空間に置かれた「非言説的形成」としてしか、指示されることはないのだ。フーコーは、言説的な言表と非言説的なものとのあいだには言説的な諸関係がある、という。しかし、彼は決して非言説的なものが一つの言表に還元できるとか、これが単なる残滓あるいは幻想である、とはいわない。優先性の問題は本質的である。言表は優先性をもっている。それがなぜか、私たちは考えてみよう。しかし、優先性は決して還元を意味しなかった。フーコーの著作のいたるところで、可視性は還元不可能なままに留まることだろう。可視性は言表の能動に関わりながら、一つの受動を形成すると思われるからなおのこと還元不可能なのだ。『臨床医学の誕生』の副題は「視線の考古学」であった。フーコーはいつも彼の以前の本を修正したようにこの副題も批判した、というだけにとどめて、なぜ、どのような点を彼が批判したのか問わないなら全く不十分である。ところで批判の要点とは、明らかにこの優先性である。フーコーはますます、彼の以前の著作は、ものの見方、知覚の仕方に対する言表の体制の優先性を十分に示していない、と考えるようになる。それは、彼の現象学に対する反応なのである。しかし彼にとって、言表の優先性は、可視性の歴史的な独立性を決して排斥するものではないだろう。それどころか言表が優先性をもつのは、まさに可視的なものが固有の法則をもち、自分自身を支配的要素と、つまり言表の自己定立性と関係させる自立性をもっているからである。可視的なものが、その固有の形態を言表可能なものに対立させるのは、言表可能なものが優先性をもっているからだ。この固有の形態は、言表可能なものに還元されることなく規定されるのである。フーコーにとって、可視性の場は決して言表の領野と同じリズム、同じ歴史、同じ形態をもちはしないだろう。そして、言表の優先性は、この点でだけ、つまりそれが還元不可能な何かに対して作用するからこそ重要なものとなる。可視性の理論を忘れてしまうと、フーコーが歴史について形成した構想をばらばらにしてしまうだけでなく、彼の思考、彼の思考にかかわる構想までもばらばらにしてしまうことになる。そうすると現代の分析哲学の変種ができるだけだが、フーコーはこれとはほとんど共通点をもたないのだ（おそらくヴィトゲンシュタインだけが例外である。もし私たちがヴィトゲンシュタインから、可視的なものと言表可能なものとのあいだの根源的な関係を取り出すことができるならば）。フーコーは、彼が見るものによっても、また彼が聞き、読むものによっても、同じようにいつも魅惑され続けた。そして彼の考えた考古学は視聴覚的な古文書《アルシーヴ》であった（それは科学の歴史から始まることになる）。フーコーが、言表する喜び、他者の言表を発見する喜びをもつのは、彼がまた見る情熱ももっているからなのだ。何よりもまず彼の本性とは、声、そしてまた眼である。眼、声。フーコーは、たえず見者であり続け、同時に言表の新しいスタイルを哲学にもたらした。異なる一歩とともに、二重のリズムとともに、二つのことを実現したのだ。

　地層化されたものは、次に生じることになる知の間接的な対象を構成するのではなく、直接に知を構成するのだ。ものの学習と文法の学習。だからこそ地層は考古学的な事柄となる。なぜなら、確かに考古学は、必ずしも過去に関するものではないからだ。現在の考古学もまた存在する。現在であれ過去であれ、可視的なものは、言表可能なものと同じく、認識論の対象であって現象学の対象ではない。フーコーが『狂気の歴史』について反省するのは、それがまだ現象学風に、生きられた野性の体験を引き合いに出し、バシュラール風に、想像力の永続的な価値を引き合いに出しているからである。しかし、実際に知以前には何もない。なぜなら、フーコーが作ったような新しい概念においては、知は、それぞれの地層や歴史的形成に固有の、可視的なものと言表可能なものとの組み合せによって定義されるのだ。知は、実践的なアレンジメントであり、言表と可視性からなる一つの装置である。だから、知の背後には何もない（もちろん、後で見るように、知の外にあるものは存在するのだが）。つまり知は、実に多様な「敷居」との関係ではじめて存在する。このような敷居が、問題となる地層のうえに様々な層、断層、方位を刻みつけるのだ。このような観点に立つなら、「認識論化の敷居」について語るだけでは不十分である。この敷居は、科学に到り、ついで「科学性」に固有の敷居を、また場合によっては「形式化の敷居」をまたぐことになる傾向のなかにすでに方向づけられている。しかし、異なる仕方で方向づけられた、異なる敷居もまた地層には存在する。倫理化、美学化、政治化などの敷居である。(3) 知は科学ではない。そして知は知をとらえるこのような、何らかの敷居と不可分である。知覚的体験でさえ、想像力の価値でさえ、時代の思想あるいは世論という条件でさえもこのような敷居である。知は、様々な敷居において配分される地層の統一性であり、地層そのものが、様々に方向づけられた敷居の集積としてのみ存在する。科学は単に、そのような方向づけの一つにすぎない。知を構成する様々な実践や実定性が存在するだけである。つまり、言表の言説的実践、可視性の非言説的実践だけが存在するのだ。しかし、このような実践は考古学的な敷居のもとに存在し、それらの動的な再分割は、地層のあいだに歴史的な差異を構成する。フーコーの実証主義、プラグマティズムとは、このようなものである。そして彼は、科学と文学、想像的なものと科学的なもの、あるいは知られることと生きられることのあいだの関係を問題にしたことはなかった。なぜなら、この知の概念は、あらゆる敷居を、歴史的な形成物である地層の変数としてとらえながら、このような敷居に浸透し、敷居を移動させたからである。

確かに物と言葉は、知の二つの極を示すには、実にあいまいな言葉である。そしてフーコーは、『言葉と物』というタイトルは皮肉と理解されなければならない、と言うことになる。考古学の義務とはまず、シニフィアンであれ、語であれ、文であれ、命題であれ、言語行為であれ、どんな言語学的な単位とも混同されることのない表現の真の形態を発見することである。フーコーは、とりわけ〈シニフィアン〉を批判する。「言説は、シニフィアンの秩序にしたがうとき、その現実を消去されてしまう」。[4]私たちは、どのようにしてフーコーが、言表についての実に独創的な概念のうちに、表現の形態を発見したかをみた。言表はシニフィアンのシステムよりは、はるかに音楽に近い斜線をしるしながら、様々な単位と交錯する機能なのである。だから、レーモン・ルーセルが独特の「方式」を発明して試みたように、言表を抽出するためには、語や、文や、命題を引き裂き、切開しなければならない。しかし、内容の形態についても同様の工作が必要となる。表現がシニフィアンでないように、内容はシニフィエではないのである。内容は物の状態ではなく、指示対象でもない。可視性は、視覚的要素あるいはもっと一般的にいう感覚的要素、性質、物、対象、対象の組み合せなどと同じものではない。フーコーは、この点で言表の機能と同じように独創的な機能を確立する。物を引き裂き、打ち砕かなければならない。可視性は対象の形態ではなく、光や物に触れるとき明らかになる形態でさえない。それは光そのものによって作り出される光度（luminosité）の形態であって、この形態は物や対象を、ただ稲妻、きら

（3）『知の考古学』二三六～二五五〔二七五～二九六〕。
（4）『言語表現の秩序』五一〔五一〕。

めき、輝きとしてだけ存在させるのだ。[5] フーコーが、レーモン・ルーセルからとりだそうとした第二の概念はこのようなものだ。おそらくまたマネからも彼はそれをとりだそうとした。そしてもし言表の概念が、私たちには、言語学よりも、ウェーベルンにもっと近い音楽的着想からくるように思われるとしたら、可視的なものの概念は絵画的で、ドローネーに近いと考えられる。ドローネーにとっては光は形態であり、固有の形態と固有の運動を作りだすものであった。ドローネーは言っていた。セザンヌはコンポートの器を砕いてしまった。そしてそれをキュービストたちのように、もう一度はりつけようとしてはいけないと。語と文と命題を開くこと、性質と物と対象を開くこと。ルーセルの試みに似て、考古学者の課題は二重である。語と言語からは、一つ一つの地層とその様々な敷居に対応する言表をとりださなくてはならず、また物と視覚からは可視性を、一つ一つの地層に固有の「明白性」をとりださなくてはならない。

なぜこのような抽出が必要になるのだろうか。まず言表から始めよう。言表は隠されてはいないが、だからといって直接解読でき、口にすることができるものではない。偽装や弾圧や抑圧の対象にさえなるのだから、言表はしばしば隠されているものだ、と思われるかもしれない。しかし、このような考えは、〈権力〉についての誤った発想を含んでいるだけでなく、私たちが語や文や命題にこだわっているときだけ価値をもつものである。このことをフーコーは、『知への意志』の冒頭から、性について述べながら示している。ヴィクトリア朝時代には、一連の語彙が禁じられ、文は暗喩的となり、言語は浄化されてしまったので、性は奥深い秘密として構成され、ただ大胆な呪われた侵犯者によって暴かれるだけで、こういう事態がフロイトが現われるまで続いたと人は信じるかもしれない……。しかし、事実は全く反対であって、どんな地層も歴史的形成も、その条件、体制、場所、機会、対話者（精神分析は独自の対話者をこれにつけ加える）を規定しながら、こんなにも数多く性についての言表を繁殖させたことはなかった。性的言説のこのような増殖をたどることなしには、トリエント公会議以来教会が果たした役割をよく理解することはできないのだ。「性がもはや直接名ざされることがないように注意深く浄化された言語の被いの下で、性に対してはもうあいまいさも、休止も許さないと自負する言説によって、性はまさに、獲物が駆り立てられるように引き受けられる……。近代社会に固有なことは、この社会が性を闇に留めておいたということではない。この社会は性を秘密として価値あるものにし、

---

（5）『レーモン・ルーセル』一四〇～一四一〔一四八～一四九〕。

たえずこれについて話すことに献身した」。要するに、言表は隠されているが、それは私たちがその抽出の条件にまでたどりつかない場合のことである。逆に、私たちがそのような諸条件に到達すれば、言表はすぐそこにきて、すべてをいうのである。政治についても同じことがいえる。一つ一つの言表の体制は、語や文や命題を交錯させるある種の方式を前提とするのだが、政治は、外交、立法、規制措置、統治などにおいて何一つ隠しはしない。確かに、困難なことではあるが、解読することができれば十分なのだ。秘密は、暴露されるため、自らを暴露するためにだけ存在する。おのおのの時代は、政治において最も臆面のないもの、性において最も赤裸々なものを、侵犯することがあまり有益ではなくなるほど完璧に言表するのだ。おのおのの時代は、その時代の言表の条件にしたがってすべてを表明するのだ。『狂気の歴史』のときすでに、フーコーは狂人をその鎖から解放する「博愛的」言説を分析した。この言説は、別のもっと有効な鎖を隠さずに狂人たちに強制したのだ。(6) おのおのの時代にいつもすべてが言われているということは、フーコーにとっておそらく最大の歴史的原則である。カーテンの後ろに何も見るべきものはない。しかし一つ一つの場合について、カーテンや台座を描くことはなおさら重要になる。なぜなら、それらの背後や下部には何も存在しないからだ。隠された言表が存在すると反論することは、体制や条件にしたがって変化する話し手や受け手が存在することを単に確認するだけだ。しかし、話し手と受け手は言表の変数のうちのあるものにすぎず、このような変数は、言表そのものを機能として定義する様々な条件に密接に依存するのである。要するに、言表は一定の諸条件と関連してはじめて、解読可能となり、言いうるものとなる。こういった諸条件が言表をこのようなものにし、「言表の台座」への、言表の唯一の登録を構成するのだ。唯一の登録、表現の形態は、言表とその条件、台座またはカーテンによって作られる。フーコーは、言表の演劇、あるいは言表可能なものの彫刻を好む。「文書」(documents) ではなく、「記念碑」(monuments) を好むのだ。

言表あるいは言説的形成にとって最も一般的な条件とはどんなものだろうか。フー

(6) テュークとピネルによる狂人の「解放」については、『狂気の歴史』「狂人保護院の誕生」を参照。重要なのは、狂人を不断の「まなざし」や「審判」に(可視性と言表に) 従属させることである。同じように十八世紀の刑罰の「人道化」については、『監獄の誕生』「一般化される処罰」を参照。また、死刑の廃止の傾向については、『知への意志』一八一〔一七五〕を参照。つまり、もはや死を決定するのではなく、生を「統治し管理する」ことを一般に課題とする〈権力〉に、罰を適応させることが問題である。

コーの答えは非常に重要なものである。それがあらかじめ言表行為の主体を排除しているからである。主体は変数であり、またはむしろ言表の様々な変数の集合である。主体は根本的な機能から派生した機能であり、あるいは言表そのものの機能である。『知の考古学』は、この主体‐機能を分析する。つまり主体は、言表のタイプや敷居によって大きく変化する場所や位置であり、「主体」そのものは、一定の場合に可能なこのような位置の一つにすぎない。一つの言表に関して、いくつかの位置が存在することさえありうる。だから、まず存在するのは「誰かが話す」であり、無名のざわめきであり、そのなかで、可能な主体にとって様々な配置が組み立てられるのである。「言説のたえまない、無秩序なひしめき」。フーコーは何度もこの巨大なざわめきを引き合いに出し、自分もそのなかに位置したいと願うのだ。(7) フーコーは、言語を基礎づける三つの方法に反対する。まず、人称から始める方法である。たとえそれが、言語学的人称あるいは転位語であってもこのことは変わらない(言語学的な人称体系、「私は話す」に対して、フーコーは、非人称としての三人称が先行することを、たえず主張する)。また内的組織あるいは第一の方向としてのシニフィアンから始める方法である。言語はこの場合、つねにこのようなものに帰着することになるのだ(言語学における構造主義、「エスが語る」に対して、フーコーは、限定された言表のある集合や、あるコーパスが先行すると反論する）。また、根源的経験から始める方法、つまり世界と私たちとのあいだには根本的な共犯関係が存在しており、私たちが世界について語る可能性を基礎づけ、可視的なものを言表可能なものの土台としている、というものである（現象学、「世界は語る」、まるで可視的なものが、すでに意味をつぶやいていて、私たちの言語はこれをとりあげるだけでよく、言語は何かを表現する沈黙に支えられているかのように。フーコーはこれに対して、見ることと話すことの間の本来的差異を対立させるのだ(8)。

言語は、まるごと与えられている、あるいは少しも与えられていないのである。それなら、言表の条件とはどんなものだろうか。それは「言語がある」、「言語の存在」、あるいは言語－存在である。つまりそれは言語を与える次元であり、言語が関わるどんな方向とも混同されることがないような次元である。「これがもっている力、指示

（7）言表の主体については、『知の考古学』一二一～一二六（一三九～一四五）。そして、大いなるつぶやきについては、『言語表現の秩序』の冒頭、「作者とは何か」の末尾を参照。
（8）この三つの主題についての素描が、『言語表現の秩序』四八～五一（四八～五一）にみえる。

し、名づけ、示し、現わし、意味または真理の場になるという力を無視すること、そして逆に、その特異な、限られた存在が規定される瞬間に（それが固定され、シニフィアンとシニフィエの働きに捕らえられる瞬間に）関心をむけること[9]」。しかしそれでは何が、フーコーのこのような主張に具体的な意味を与えるのだろうか。なぜフーコーは、現象学や言語学のような、普遍的傾向に陥ってしまうことがないのだろうか。なぜ彼は特異な、限られた存在について語るのだろうか。フーコーは「分布主義」(distributionalisme) に近く、『考古学』の示す存在にしたがって、非常に多様なものではあるにしても、ある時代に放たれた言葉とテキスト、文と命題からなる、規定された、無限でないコーパスからいつも出発する。彼はそこから言表の「規則性」を抽出しようとするのである。だから条件そのものが歴史的である。ア・プリオリなものは歴史的なのだ。大いなるつぶやき、言い方をかえれば、言語‐存在あるいは言語の「そこに存在する」は、それぞれの歴史的形成によって異なり、しかも、無名である一方やはり特異でもある。それはある種の様態と切り離すことのできない「謎めいた、かりそめの存在」なのである。それぞれの時代が、このようなコーパスにしたがって、言語を集中させる様式をもつのである。例えば古典主義時代の〈言語の存在〉は表象において十全にあらわれ、それは表象の碁盤割りを描くのだが、十九世紀には逆に、たとえ集中的統一性を失うことになっても、言語の存在は表象的な機能の外に跳躍し、集中の統一性を別の場所に、別の様式で、例えば新しい機能となった文学において再発見しようとする（「人間は、言語の二つの存在様式の間にある一つの形態であった」……）[10]。したがって、言語の歴史的存在は、決して言語を、創始的、起源的、あるいは単に媒介的な意識の内部性に集中させるものではない。それどころか言語は一つの外部性を作り出す。このような外部性において、問題となるコーパスの様々な言表は分散して出現し、いたるところに散布されることになる。その統一性は「分布主義」的なものである。「実定性の先験性は、単に時間的な分散の体系であるだけではなく、それ自体変形可能な集合である」[11]。

（9）『知の考古学』一四五～一四八〔一六八～一七三〕。これは「言語がある」に関する本質的なテキストであって、これにまた『言葉と物』の末尾の全部を付け加えることもできる（「言語の存在」については、三一六～三一八〔三二四～三二七〕、三九五～三九七〔四〇六～四〇八〕、またすでに五七～五九〔六七～七〇〕）。

（10）『言葉と物』三一三～三一八〔三二一～三二七〕（言語の集中としての近代文学の機能については、『言葉と物』五九〔七〇〕、三一三〔三二一〕、「汚名に塗れた人々の生」二八～二九〔三二九～三三〇〕）。

私たちが言表とその条件について今述べたすべてのことは、また可視性についても言える。なぜなら、可視性の方も、決して隠されることはないとしても、やはり即座に見られはしないし、可視的でもないからである。もし私たちが、対象や物や感覚的性質にとどまって、それらを切開する条件にまで上昇しなければ、可視性は見えないままなのだ。そして、物が再び閉ざされてしまうのなら、可視性はぼかされ、曇ってしまい、ついに「明白性」は、別の時代からは把握不可能になってしまう。古典主義時代が、狂人、浮浪者、失業者などを同一の場に集中させたとき、「私たちにとって無差別にみえる感受性は、確かに、古典主義的人間においては明らかに分節された知覚であった」。しかし、可視性が関わる条件を構成するものは、ある主体の見方ではない。見る主体それ自身が、可視性のなかの一つの場所であり、可視性から派生した一つの機能なのである（古典主義的表象における王の位置、あるいはまた監獄の体制における何らかの観察者の位置は、このようなものである）。それでは、知覚を方向づける想像力の価値や、「知覚の主題」を確立する感覚的性質の働きを引き合いに出さなくてはならないだろうか。視覚的なものの条件を構成するのは、イメージであり、あるいは動的な性質かもしれない。そして『狂気の歴史』⑿におけるフーコーは、ときとして、バシュラールのように自己表現している。しかし、彼は、すぐに別の結論にたどりついてしまう。例えば、建築物が可視性であり、可視性の場であるとすれば、それは単に建築物が石の形態であるから、つまり物のアレンジメントであり、性質の組み合せであるからではなく、何よりもまず光の形態であり、明と暗、不透明と透明、見られるものと見られないものなどを配置するからである。周知のページで、『言葉と物』はベラスケスの絵『宮廷の侍女たち』を、ある光の体制として描いている。この光の体制は、古典主義時代の表象空間を開き、見られるものと見るものたち、交換と反射をそこに配分し、絵の外として推論されるしかない王の場所にいたる（マネについての破棄された草稿は、光の別の使用法、反射の別の配置によって、全く異なる光の体制を描いていたのではないだろうか）。『監獄の誕生』の方は、監獄の建築を描くのである。見ることができずただ見られる囚人と、見られることなしにすべてを見る何らかの観察者を配置して、周辺の独房を光でみたし、中心の塔は不透明にしておく光の形態にほかならない〈一望監視装置〉を描くのである。言表が様々な体制と不

(11)『知の考古学』一六八〔一九七〕。
(12) 特に『狂気の歴史』「狂気の形象」の章を参照。「質的世界の、半ば知覚的、半ば想像的法則」がそこで引き合いに出されている。

可分であるように、可視性は様々な機械と不可分である。あらゆる機械が光学的なものであるからではない。何かを見させ、光へと、明白性へともたらすのは、装置や機能の集積であるからだ（「監獄－機械、あるいはルーセルの機械」）。すでに、『レーモン・ルーセル』は、もっとも一般的な公式を与えていた。第一の光は物を切開し、こんどは稲妻ときらめきとして、「第二の光」として、可視性を出現させる。[13] また『臨床医学の誕生』は、「視線の考古学」をサブ・タイトルにすることができた。それぞれの歴史的医学的形成は、第一の光を変調し、徴候をきらめかせ、病気の可視性の空間を構成していたのである。臨床医学のように二次元の層を展開しながら、あるいは病理解剖学のように、眼には深さを、病には体積を与える第三の次元にしたがって、層をまた折り畳みながら（生体の「解剖」としての病気）。

それゆえ、光の「そこにある」、ある光の存在、または光－存在が、言語－存在と同様に存在するのだ。どちらも一つの絶対であるが、しかも歴史的であり、それがある形成物、あるコーパスに落ち着く仕方と不可分である。一方は、可視性を可視的にあるいは知覚可能にし、同じく他方は、言表を言表可能に、言いうるもの、読みうるものにした。だから可視性は、見る主体の行為ではなく、視覚の所与でもない（フーコーは、「視線の考古学」という副題を自己批判する）。可視的なものが、一つの物や感覚的性質に還元されないように、光‐存在は、物理的環境に還元されない。フーコーは、ニュートンよりもゲーテに近い。光‐存在は、絶対に分割不可能な条件であり、一つ一つの場合に、それ自体可視的な組み合せにしたがって、視覚に、また同時に他の感覚にも可視性をもたらすことのできる唯一の先験性なのだ。例えば、触知できるものは、可視的なものが別の可視的なものを隠す仕方である。『臨床医学の誕生』がすでに発見していたのは、ある「絶対的な視線」、ある「潜在的可視性」、ある「視線の外の可視性」であり、このようなものがあらゆる知覚の経験を支配して、視覚を呼びよせるときには、必ず聴覚や触覚など、他の感覚的領野も呼びよせるのであった。(14) 可視性は、視覚によって定義されるのではなく、能動と受動、行動と反動の複合であり、光へとやってくる多感覚的複合なのだ。マグリットがフーコーへの手紙の中で言っているように、見るもの、そして可視的に記述されるものとは、思考にほかならな

(13)『レーモン・ルーセル』一四〇〔一四八〕。

(14)『臨床医学の誕生』一六七〔二二六〕。(そして、「コルヴィザールが機能不全の心臓を聞くとき、またラエンネックが震える鋭い声を聞くとき、彼らは心臓肥大や滲出を見ているのである。そのまなざしは、ひそかに彼らの聴覚につきまとい、それを超えて聴覚を活気づけているのだ。」)。

い。それでは、フーコーにおけるこの第一の光を、ハイデッガーの明かるみ(Lichtung)やメルロ=ポンティに、視覚には二次的にしか関わらない自由なもの、または開いたものに近づけるべきだろうか。ただし二つの相違点がある。フーコーにおける光-存在は何らかの様態と不可分であり、ア・プリオリであるからには、現象学的というよりも、やはり歴史的あるいは認識論的でなければならない。また光-存在は、言葉に対して、視覚と同じほどには開かれてはいない。なぜなら言表としての言葉は、まったく異なる開放の条件を、言語-存在のなかに、またその様々な歴史的様態のなかに見出すからだ。そこから結論できることは、おのおのの歴史的形成は、その可視性の諸条件にしたがって、可能なすべてのことを見、また見させるし、同様にその言表の諸条件にしたがって、可能なすべてのことを言う、ということである。秘密は少しもないのだ。けれど何一つ即座に可視的ではないし、直接に解読可能ではない。そして、どちらの側でも、その諸条件は、意識や主体の内面性に集中されるわけではなく、〈同じもの〉を構成するわけではない。それらは、二つの外部性の形態であって、それらのなかに、一方では言表が、他方では可視性が分散され散布されるのだ。言語は、語、文、命題を「含んで」いる。しかし、還元不可能な距離にしたがって散布される言表を含むことはない。言表は、その敷居、その族にしたがって分散する。同様に、光は物体を含みはしても、可視性を含みはしない。だからこそ私たちが見たように、フーコーが監禁の環境そのものに興味をもったと信じるのは誤りである。病院、監獄は、何よりもまず外部性の形態のなかに分散された視覚性の場所であり、隔離する、碁盤割りにする……といった外部的な機能にかかわるのだ。

これは、心性や、行動の歴史ではない。話すことと見ること、あるいは言表と可視性は純粋な〈構成要素〉、ア・プリオリな条件であり、この条件のもとで、ある時点に、あらゆる観念が形式化され、様々な行動が現われるのである。このような条件の探究は、フーコーに特有な一種の新カント主義を構成する。しかしカントとは根本的な違いがある。諸条件は現実的な経験の条件であって、あらゆる可能的経験の条件ではないのだ（例えば、言表は、規定されたコーパスを前提とする）。それらは「対象」の側、歴史的形成の側にあるのであって、普遍的主体の側にあるのではない（ア・プリオリなものは、それ自身歴史的である）。どちらも、外部性の形態なのである。[15]しかしもしここに新カント主義があるとすれば、それは可視性が、その諸条件とともに一つの〈受容性〉を形成し、そして言表は、その諸条件とともに〈自発性〉を形成するからである。言語の自発性と、光の受容性。それゆえに、受容的を受動的と、自発的を能動的と同じことと考えるのは不十分であった。光が見させるもののなかには、能動も受動も同じように存在するのだから、受容的は受動的を意味しない。自発的は、能動的を意味しないで、むしろ、受容的な形態に働きかける「他者」の活動を意味するのだ。カントの場合もすでにこのようであった。彼において、「私は考える」の自発性は、この自発性を必然的に他者として表象する受容的な存在に対して行使されるのだ。[16] ところがフーコーにおいて、悟性の自発性つまりコギトは、言語の自発性（言語の「そこにある」）に場所を譲り、直観の受容性は光の受容性（空間－時間の新しい形態）に場所を譲る。こうして、可視的なものに対して言表が優先することは容易に説明される。『知の考古学』は、言説的形成としての言表の規定的役割を主張することができる。しかし可視性もまた、やはり還元不可能なものなのである。なぜなら可視性は、規定可能なもののある形態に関わっていて、決して規定の形態に還元されてしまうことはないからだ。カントとデカルトの大きな断絶はここにあった。規定の形態（私は考える）は、ある未規定なもの（私はある）に関与するのではなく、純粋な、規定可能なものの形態（時間－空間）に関与するのだ。問題は、二つの形態、あるいは性格の異なる二種類の条件の整合ということである。私たちは、フーコーにおいて、変形されてはいるが同じ問題を再発見する。二つの「そこにある」の関係、光と言語、規定可能な可視性と規定を行なう言表とのあいだの関係という問題である。

フーコーの本質的論理の一つは、最初から次のようなものである。つまり、内容の形態と表現の形態、可視的なものと言表可能なもののあいだの性格の違いである（確かにそれらはたがいに侵入しあい、それぞれの地層あるいは知を構成するために、たえず浸透しあうのであるが）。おそらく、このような側面でこそフーコーはブランショと出会うのであり、このような側面が第一なのだ。「話すこと、それは見ることではない」。しかし、ブランショが、規定するものとして話すことの優先性を強調したのに対して、フーコーは、やや性急すぎるようにみえるが、見ることの特異性、規定可能なものである可視的なものの還元不可能性を保存するのだ。[17] 二つはたがいを前提としており、言表に優先性があるのだが、二つのあいだに同形性、画一性はない。言表の優先性を強調する『知の考古学』でさえこう言うのだ。一方から他方への因果性

(15)『言葉と物』二五七（二六四）、『知の考古学』一六七（一九五）（そして「外部性の形態」については、一五八〜一六一（一八四〜一八八））。
(16)『純粋理性批判』の初版は、これを「親密なる感覚の逆説」と呼ぶのである（*Critique de la raison pure*, P.U.F., 136）。

も、たがいのあいだの象徴性も存在しない。もし、言表が対象をもつとしても、それは可視的な対象と同形ではなく、言表に固有の言説的な対象であると。確かに私たちは、いつも同形性を夢想することができる。例えば臨床医学が、「可視的なものと、言表可能なものとのあいだ」、徴候と記号、光景と言葉とのあいだに、構造的同一性を設けるときのような、認識論的な夢想。また「カリグラム」が、テキストとデッサン、言語的なものと造形的なもの、言表とイメージに、同一の形態を与えるときのように、美学的な夢。[18]マグリットへの注釈のなかでフーコーは「薄く、無色で、中性の細かい帯」がたえず再生されて、テキストと形態、パイプの絵と「これはパイプである」という言表を分離させることを示している。そのため「これはパイプではない」に変わってしまうのだ。なぜなら、絵も、言表も、共通とみなされた形態としての「これ」も、パイプではないからだ……。「黒いタブローのなかにも、またその上にも、パイプの絵とそれを名ざすべきテキストは、どこにも出会う点を見出さない」、それは「無関係」である。[19]たぶんこれは、フーコーが彼の歴史研究において確立した一つの方法のユーモア版なのだ。というのも『狂気の歴史』は次のことを示しているからである。内容の形態、あるいは狂気の可視性の場にほかならない保護院は、その起源を医学のなかにではなく、警察のなかにもっている。そして、表現の形態であり、「非理性」の言表の生産機関である医学は、その言説の体制、その診断や看護を病院の外部にまで広げるのである。フーコーについて注釈しながら、モーリス・ブ

(17) ブランショ『無限の対話』を参照、「話すこと、それは見ることではない」。これは、ブランショの全著作に現われる主題にとって最も決定的なテキストである。そしておそらく、このテキストは「見ること」に、または視覚的イメージに、ある特別なステータスを与えているのだ（四二、同じく『文学空間』二六六～二七七）。しかし、このステータスは、ブランショ自身がいうように、あいまいなままになっている。なぜなら、彼は見ることが話すことでない、ということよりも、むしろ、話すことが見ることでないことを確認しているのである。つまり、ブランショは、ある点でデカルト主義者であり続けるのだ。彼が、関係に（あるいは「無関係」に）導くもの、それは規定と、純粋な無規定なのである。ところが、フーコーはもっとカント的である。関係あるいは無関係は、二つの形態、規定と規定可能なものとの間に存在するのである。

(18) 臨床医学をつらぬく同形性の「夢想」について、『臨床医学の誕生』一〇八～一一七〔一五二～一六三〕、カリグラムについては『これはパイプではない』一九～二五〔一九～二七〕。

(19) 『これはパイプではない』四七〔五七〕、フーコーは、ブランショの「無関係」という表現を借用している。

ランショはいうであろう。非理性と狂気のあいだの差異と衝突、と。『監獄の誕生』はこれに隣接するテーマを深化しながら、再びとりあげることになる。罪の可視性としての監獄は、表現の形態としての刑法から派生してくるものではない。それは全く別の方向から、法的なものではなく「規律的」な方向からやってくる。そして刑法の方は、監獄に依存することなく「犯罪行為」についての言表を生み出すのだ。あたかも刑法はいつも何らかの仕方で、これは監獄ではない、と言うことになるように……。二つの形態は、考古学的な意味でのゲシュタルト形成（Gestaltung）において、同じ形成、同じ発生、あるいは同じ系譜をもってはいないのだ。しかし、たとえ奇策を通じてではあっても、やはり出会いは存在する。監獄は、刑事上の犯人を、ある別の登場人物で置き換え、この置き換えによって、犯罪行為を生産し、再生産する。同時に、法は囚人を生産し、再生産するのだ[20]。何らかの地層や敷居の上で、両者のあいだに連帯が結ばれては解かれ、交渉が成立しては解体する。フーコーにとってもブランショにとっても、無関係がやはりなお関係であり、もっと深い関係でさえあるということは、どんなふうに説明されるだろうか。

　私たちは、まさに、「真理のゲーム」といったものがあり、あるいはむしろ真なるものの手続きといったものがある、と言うことができるのだ。真理は、それを確立する手続きと不可分である。（『監獄の誕生』は、中世末期の自然についての諸科学のモデルとして「宗教裁判的尋問」と、十八世紀末の人文科学のモデルとして「規律的検査」とを比較している。）しかし、一つの手続きは何から構成されているだろうか。おそらく、それはおおむね、一つの過程と、一つの方式、つまりプラグマティズムからなっている。過程とは、見る過程である。そして知に対して一連の問題を提起するのである。ある地層、ある敷居の上に、私たちは、何を見るのか。私たちは、どんな対象から出発し、どんな特性を追求し、どんな物の状態のなかに落ち着くか（感覚的なコーパス）、と問うだけではない。どんなふうにしてこれらの対象、性質、物から可視性を抽出するのか、どのようにして、どのような光のもとで可視性は、きらめき、かがやくのか、どんなふうに、光は地層のうえに集中されるのか、と問うのだ。そし

(20)『監獄の誕生』のいくつかのテキストは、犯罪行為を監獄の傍らにおいている。しかし、実は、二つの犯罪行為、つまり言表に関わる「不法行為としての犯罪行為」と、監獄に関わる「対象としての犯罪行為」が存在するのである。大切なことは、『監獄の誕生』が、十八世紀における刑法の進展と監獄の登場のあいだに、非等質性を指摘していることである。『狂気の歴史』もまた、十七世紀における保護院の登場と、医学の状況とのあいだに根本的な非等質性を、同じように確信をもって指摘していた。

てさらに、これらの可視性の変数としての主体の位置はどうか、誰がそれらの位置を占め、誰が見るのか、と問うのだ。しかしまた、言語の様々な方式も存在し、それは二人の奇抜な著者が異なっているように、地層のあいだで異なっている（例えば、ルーセルの「方式」と、ブリッセ*のそれ）[21]。語と文と命題のどんなコーパスが存在するのか。そこから、それらを横断する言表をいかに抽出するか。どんな言語の集積のもとで、これらの言表は、その族、その敷居にしたがって分散するのか。そして、誰が語るのか、つまり変数としての言表の主体は何か、誰が場所をみたしにやってくるのか。要するに、様々な言表の方式と、様々な機械の過程が存在するのだ。ここには、それぞれの場合に真理の問題を構成する過剰なほどの問いがある。『快楽の活用』は、真なるものは様々な「問題化」を通じてはじめて知に与えられること、問題化は、実践からのみ、見ることと言うことの様々な実践からのみ始められることを示しながら、前に書かれたすべての本の結論を引き出すのだ[22]。これらの実践、過程と方式は、真なるものの手続き、「真理の一歴史」を構成する。しかし、真理の問題が、まさに真理の二つの部分のあいだの対応性や画一性を排除する瞬間に、この二つの部分は、確かに問題として関係しあわなくてはならない。精神医学における実に簡単な例をとってみよう。保護院で見られる人と、私たちが狂人として言表することのできる人とは、同一の人間だろうか。例えば、シュレーバー控訴院長の、パラノイア性狂気を「見ること」、そして彼を保護院に入れることは容易である。しかし彼をそこから出さなくてはならない。なぜなら、彼の狂気を「言表する」ことは、こんどはずっと難しいからである。偏執狂者については反対である。彼の狂気を言表することはやさしいが、それを折りよく見てとり、必要なときに監禁することはとても難しい。[23] 保護院にいるべきでない人々がたくさん保護院にいる一方で、そこにいるべきなのに、いない人々もたくさんいる。十九世紀の精神医学は、狂気を「問題化する」このような所見のうえに成立したのであり、狂気について一義的で確実な概念を形成したのとはほど遠い。

真なるものは、二つの形態のあいだの一致によっても、共通の形態によっても、対応関係によっても定義されないのだ。話すことと見ることとのあいだ、言表可能なものと可視的なものとのあいだには分離がある。「われわれが見るものは、決してわれ

(21) ジャン・ピエール・ブリッセ『論理文法』の序文〔「第七天使をめぐる七言」〕、四七〔三二一〜三二四〕。ルーセル＝ブリッセ＝ウォルフソンの三つの方式の比較。

(22)『快楽の活用』一七〔一九〕。

(23)『ピエール・リヴィエールの犯罪』を参照。十七世紀の精神医学にとって本質的な問題である犯罪的単一狂の場合。

われの言うことのなかに住まってはいない」。また逆もいえる。連結は二つの理由で不可能である。言表は、それ自体に固有の相関的な対象をもっているのであって、論理学がのぞむように、物の状態や、可視的な対象を指示する命題ではないのだ。しかし、可視的なものもまた、現象学がのぞむように、無言の意味、言語において実現されることになる潜在的なシニフィエなどもってはいない。古文書や、視聴覚的なものは、離接的なのである。こうして見ることと話すことの分離のもっとも完璧な例は、映画のなかにあることは驚くにあたらない。ストローブ、ジーバーベルク、マルグリット・デュラスにおいて、一方で声は、場所をもたない一つの物語のように現われ、そして他方で可視的なものは、もはや物語をもたない空虚な場所のように現われる(24)。マルグリット・デュラスの『インディア・ソング』で、声は、決して見られることのない昔の舞踏会を喚起し、あるいは出現させるのだが、一方、視覚的イメージは、別の、無言の舞踏会を見せ、どんなフラッシュ・バックも視覚的な結合をしないし、どんな画面外の声も音声の結合をしないのである。そして、すでに『ガンジスの女』は、二つの映画、「イメージの映画と声の映画」の同時存在として現われていた。一つの空虚が唯一の「関係要素」であり、同時に蝶番であり隙間である。二つのあいだには、たえず非合理的な切断が存在している。しかし、これは何でもいいイメージに、何でもいい声を重ねたものではない。確かに、可視的なものから言表への、言表から可視的なものへの繋がりは存在しない。しかし、非合理的な切断の上、あるいは間隙の上で、たえまなく繋がりは回復される。まさにこのような意味で、可視的なものと言表

(24) イシャグプールの注釈を参照。とりわけ、マルグリット・デュラスについて、『イメージからイメージへ』(Ishaghpour, *D'une image à l'autre*, Méditations)。また、『友情』の中のブランショによる『破壊しに、と彼女はいう』の分析 (*L'amitié*, Gallimard)。フーコーは、ルネ・アリオ (René Allio) の『ピエール・リヴィエール』について映画に、大変興味をよせていた。ピエール・リヴィエールの行為と彼が書いたテキストとの関係が、この映画で問題にされていたからである (フーコーの注釈を参照。「テキストは身振りを伝えるものではなく、テキストと身振りとのあいだに、ある関係の網のすべてが存在している。」二六六 〔二一三〕)。映画はだから、この問題について語り、それを自分の仕方で解決しなければならなかった。そして、実際にアリオは、画面外の声で満足するのではなく、見られたものと言表、視覚的イメージと音声的イメージとのあいだのずれや分離そのものが感じられるように、いくつかの手段を用いている (最初のショットから、荒涼とした田舎に一本の木が見えるが、重罪裁判所のざわめきと決り文句が聞こえるのである)。

は、一つの地層を構成するのだが、この地層は、たえず中心で考古学的な亀裂に横断され、これによって構成されるのだ（ストローブ）。物と言葉にとどまっている限り、私たちは見ているものについて語り、語っているものを見ていると、また二つは結合していると、信じることができる。それはつまり、私たちが経験的な実践にとどまったままであるということだ。しかし、言葉と物を切開するなら、言表と可視性を発見するなら、言葉と視覚はたちまち、ある高次のア・プリオリな実践にまでたどりつく。すると、どちらもそれ自身を他から分かつ自身の限界に、見られることしかできない可視的なもの、語られることしかできない言表可能なものに到達するのだ。それでもやはり、それぞれを分離する固有の限界は、二つを関係づけ、盲目の言葉と無言の像という、二つの非対称的な面をもつ共通の限界でもあるのだ。フーコーは、奇妙にも、現代の映画に非常に近い。

それなら、無関係は、どのようにして関係となるのだろうか。あるいは、フーコーのこの二つの表明には、矛盾があるのだろうか。まず「たとえ、われわれが、見ているものについて語っても、われわれが見るものは決してわれわれが言うことのなかにはこめられない。また、われわれが語っていることを、イメージや、暗喩や、比較によって見させたとしても、これらのものが輝く場所は、眼によって繰り広げられる場所ではなく、構文の継起によって限定される場所に過ぎないのだ」。そしてまた、「図像とテキストとのあいだに一連のあらゆる交錯を認め、一方から他方へむかって、敵対する的に対して向けられる攻撃、放たれる矢、陰謀や破壊の企て、槍の雨、傷、闘い……を認めなければならない」、「言葉の真只中に、雨と降ってくるイメージ、デッサンを縦横に走る言葉の稲妻……」、「物の形態に言説が刻まれた跡」、そしてその逆。(25) 二種類のテキストは少しも矛盾していないのだ。最初のテキストは、見ることと話すこと、可視的なものと言表可能なものに、同形性、相同性、共通の形態は存在しないと言っている。第二のテキストは、二つの形態が、まるで、闘いのようにたがいに浸透しあっていると言う。闘いを引き合いにだすのは、まさに同形性が存在しないことを言うためだ。つまり、二つの非等質的な形態は、一つの条件と、一つの条件づけられたもの、つまり光と可視性、言語と言表をもっているのだ。しかし、条件は、条件づけられるものを「内に含む」わけではない。条件は、条件づけられるものを、散布

(25)『言葉と物』二五〔三三〕。『これはパイプではない』三〇〔三四〕、四八〔五八〕、五〇〔六一〕。『これはパイプではない』は、二種のテキストを提出し、最大限それらを戯れさせる。

の空間に与えるのであり、それ自体は外部性の形態として与えられるのだ。だから、言表は、マグリットの二つのパイプのあいだがそうであるように、可視的なものとそれを開くことのあいだにあるレスラーの言表は、そのように（同様に彼は、言表を出現させずに物を開くこともない）、可視性は、言表とその条件とのあいだにしのびこんでいくのだ。先ほど私たちは、どのようにして、刑罰に関する言表が、監獄を強化する二次的な〈可視的なもの〉を生み出す一方で、「監獄」という可視性の形態は「犯罪行為」を更新することになる二次的な言表を生み出すことになるか、示そうとした。さらにこのような言表と可視性は、レスラーのように直接絡みあい、押さえあい、とらえあい、そのたびに「真理」を構成するのだ。そこからフーコーの公式があらわれる。「同じ運動において、話し、しかも見るものを与えること……、見事な交錯である」[26]。同時に、話し、かつ見ること。たとえ、それらは同じことではなく、私たちは見るものについて話すのではなく、話すものを見るのではないとしても。しかし、二つは地層を構成し、同時に地層から地層へと変化していくのだ（確かにこれらは、同じ規則に基づくわけではない）。けれども、この最初の答え（闘争、絡みあい、戦い、二重の浸透）は、まだ十分だとはいえない。それはまだ、言表の優先性を尊重していない。言表は、それ自身の条件（言語）の自発性によって、優先性をもち、この自発性は言表に他を規定する形態を与える。他方、可視的なものは、それ自身の条件（光）の受容性によって、規定可能なものという形態をもつのだ。それゆえ私たちは、たとえ二つの形態の性格は異なっていても、規定はいつも言表からやってくると考える。フーコーが、ルーセルの著作の新しい側面に注目するのはそのためである。単に、言表を導き出すために物を切開すること、可視性をもたらすために語を切開することが問題なのではない。言表を、その自発性によって芽生えさせ、増殖させ、それが可視的なものに対して無限の規定を及ぼすようにする、ということが問題である。[27] 要するに、ここにまさに二つの形態の関係という問題に対する第二の答えがある。つまり、ただ言表だけが規定的であり、

(26)『レーモン・ルーセル』一四七〔一五六〕。
(27) フーコーがルーセルにおいて三種類の作品を区別するのはそのためである。可視性が言表を捕獲し、誘発することになる機械としての作品（例えば『視覚』*La vue*）、そして、言表が可視性を挑発するような方式としての作品（例えば『アフリカの印象』）、しかしまた、無限の作品もまた存在し（『新アフリカの印象』）そこでは、言表は、挿入のなかの挿入において増殖し、可視的なものの規定を無限に継続するのである。『レーモン・ルーセル』第七章を参照。

たとえそれが言うこととは別のものを見させるのだとしても、やはり言表は見させるのである。『知の考古学』において、可視的なものは、結局、非言説的なものとして、もはや否定的にしか指示されないこと、言説的なものは、それだけよけいに非言説的なものと言説的な関係をもっていること、私たちはこのことに驚きはしないだろう。可視的なものと言表可能なものとのあいだに、次のような様相をすべて、同時に保持しなければならない。二つの形態の非等質性、性格の差異あるいは非同形性、二つのあいだに相互的な前提性があること、相互的な絡みあい、捕獲。一方の他方に対する、確かに規定された優先性。

しかし、この第二の答えはまだ不十分である。もし、規定が無限であるなら、規定可能なものは、規定とは全く別の形態をもっているのだから無尽蔵ではないだろうか。言表が、可視的なものを無限に規定するとすれば、可視的なものは、永遠に規定可能なものとして、逃走するとは考えられないか。対象が逃げるのをどうして阻止できるか。ルーセルの著作がついに座礁するのは、この点においてではないだろうか。失敗という意味ではなく、海での座礁という意味においてである。「ここで、言語はその内部で、円形に配置される。それが見させようとするものを隠し、それがまなざしに対して与えようとしたものをまなざしから逃げさせ、見えない空洞にむけて、めまいするような速さで流れていきながら。この見えない空洞で、物は近づき難いものとなり、言語は狂ったように物を追いかけながら消えてしまう」[28]。カントはすでに、このような冒険を通過したのだ。直観が、規定可能なものの形態を規定の形態に対立させ続ける、ということなしには、悟性の自発性はその規定を直観の受容性に対して及ぼすことがない。それゆえカントは、二つの形態の彼方に、本質的に「神秘的で」、それらの整合を〈真理〉として配慮することのできるような、第三の審級をもうけなくてはならなかった。それは想像力の図式であった。フーコーにおける「謎めいた」という言葉は、確かに全く別の集合のなか、全く別の分割のもとにあるが、カントの神秘に対応するのだ。しかし、フーコーにおいては、第三の審級が、規定可能なものと規定、可視的なものと言表可能なもの、光の受容性と言語の自発性を、二つの形態の彼方あるいはその内側に働きかけながら、整合させなくてはならない。そしてフーコーは、まさにこのような意味で、絡みあいは、ある距離をともない、この距離を介して敵同士は「脅威と言葉とを交換する」と言い、そして、衝突の場所は「非場所」をともない、この「非場所」は、敵同士が同じ空間に属することはなく、同じ形態に依存

(28)『レーモン・ルーセル』一七二〔一八七〕。

することもないことを証明する、と言ったのだ。[29] 同じように、パウル・クレーを分析しながらフーコーは言っている。可視的な形態と文字記号は、たがいに結びつくが、しかし、それらおのおのがもつ形態とは異なる次元で[30]結びつくのだ。こういうわけで、私たちは、地層とその二つの形態とは別の、もう一つの次元に跳躍しなければならない。二つの形態の地層化された編成と、一方の他方に対する優位を考慮にいれた第三の次元である。この次元、この新しい軸とは、どのようなものだろうか。

---

(29)「ニーチェ・系譜学・歴史学」一五六〔二二一～二二三〕。
(30)『これはパイプではない』四〇～四二〔四七～五〇〕。

# 戦略あるいは地層化されないもの、外の思考（権力）

〈権力〉（Pouvoir）とは何だろうか。フーコーの定義は実に簡潔にみえる。権力は力のある関係なのだ。あるいはむしろ、どんな力の関係も一つの「権力関係」なのだ。まず権力は一つの形態ではない、例えば国家という形態などではないということ、そして権力関係は、知のように、二つの形態のあいだに成立するものではない、ということを理解しよう。第二に、力は決して単数で存在するのではなく、他の様々な力と関係しているということが、その本質である。したがってどんな力もすでに関係であり、すなわち権力なのだ。つまり力は、力とは別の対象や主体をもつことはない。私たちはそこに、自然法への回帰をみてとったりしないようにしよう。なぜなら、法とは一つの表現の形態であり、〈自然〉とは可視性の形態なのだから。そして、暴力とは力に付随するもの、力から結果するものであって、力を構成するものではない。フーコーは、ニーチェにもっと近い（そしてマルクスにも）。ニーチェにとって、力の関係は、奇妙にも暴力を超えてしまうもので、暴力によって定義されることはないのだ。つまり、暴力は、身体、対象、あるいは規定された存在に関わり、それらの形態を破壊したり、変更したりするが、力の方は、他の力以外のものを対象とすることはなく、関係そのものを存在とするのだ。「それは、行動に対する行動、可能的あるいは現実的行動に対する行動、未来または現在の行動に対する行動である」。それは「可能な行動にむけられる様々な行動の一集合」である。私たちは、それゆえ、行動に対する行動を構成する力関係や権力関係を示す様々な変数のリストを設けることができる。当然ながらこのリストは開かれたものである。煽動する、誘導する、迂回させる、容易または困難にする、拡大または限定する、より可能により不可能にする……(1)。権力のカテゴリーとはこのようなものである。『監獄の誕生』は、このような方向で、十八世紀を通じて力の関係が採用した価値の、はるかに詳細なリストを確立したのだ。つまり、空間に配分すること（それは、閉じ込める、碁盤割りにする、整序する、系列化する……などによって示される）、時間において秩序化すること（時間をさらに細かく分ける、行為を手順化する、動作を分解する……）、空間ー時間において編成すること（「一つの生産力を確立し、その効果がそれを編成する基本的な諸力の総和を上回るようにするあらゆる方法」)……。したがって、私たちが先ほど見た、権力に関するフーコーの偉大な理論は、三つの項目に展開される。つまり、権力は本質として抑圧的なものではない(権力は「煽動したり、喚起したり、生産したりする」からだ)、権力は所有される以前に、実践される(権力は、階級のように規定可能な形態、国家のように規定された形態においてはじめて所有されるからだ)、権力は、被支配者も支配者も、同じように貫通する(権力は、関係するあらゆる力を貫通するからだ)。一つの深いニーチェ主義。

私たちは、権力とは何か、それはどこから由来するか、とは問わない。そうではなく、いかにそれが実践されるか、と問うのだ。権力の実践は、まるで一つの情動(affect)のようにあらわれる。力は、それ自体、他の様々な力に影響を及ぼし(力はそれらと関係する)、他の様々な力から影響を受ける能力によって定義されるからだ。煽動し、喚起し、生産することは(あるいはまたこれに似たリスト上のあらゆる用語

(1)「主体と権力についての二つのエセー」(ドレイファス／ラビノウ『ミシェル・フーコー、ある哲学的軌跡』Dreyfus et Rabinow, *Michel Foucault, un parcours philosophique*, Gallimard, 313〔三〇一〕)。

は)、様々な能動的情動を構成する。そして、煽動されること、喚起されること、「有用な」効果を生産し、獲得するよう強いられることは、反動的情動を構成する。反動的情動は単なるはねかえり、能動的情動の「受動的反面」ではなく、とりわけ、影響される力が、抵抗力なしには存在しないことを考えるなら、むしろ「還元することのできない対極」なのである。(2) それぞれの力が(他の様々な力に)影響を及ぼす能力と、(やはり他の様々な力に)影響を受ける能力を同時にもっている。だから、一つ一つの力は権力関係をともなう。そして、このような関係と、関係の変化にしたがって、様々な力を配分するのは、力の場全体なのである。自発性と受容性は、今や新しい意味をもち、影響を及ぼすこと、影響をこうむることとなる。

影響を受ける能力は、力の素材に似ており、影響を及ぼす能力は、力の機能に似ている。ただし、問題となるのは純粋な機能、形式化されていない機能であり、この機能は、それが現実化されるときの具体的形態からも、それがしたがう目的からも、またそれが用いる手段からも、独立にとらえられるのだ。つまり能動の物理学は、抽象的能動の物理学なのである。そしてまた問題となるのは、形成されていない純粋な素材であって、これは、形成された実質や、それが入っていくことになる性格づけられた存在あるいは対象とは独立に摘出される。つまりこれは、第一の、あるいは裸の素材の物理学なのだ。権力のカテゴリーとは、それゆえ、「何の変哲もない」と考えられる能動、何の変哲もない支持物に固有の規定なのである。こうして『監獄の誕生』は、何の変哲もない個人からなる多様体に対して、何の変哲もない義務やふるまいを強いるという純粋な機能として〈一望監視方式〉を定義する。このとき唯一の条件とは、多様体は少数からなり、空間は限られ、あまり広がっていないことだ。機能に目的や手段を与えるような形態（教育する、治療する、処罰する、生産させる）も、機能が関わることになる形成された実体（「囚人、病人、生徒、狂人、労働者、兵士」……）も考慮に入れられない。そして実際〈一望監視方式〉は、十八世紀末にあらゆる形態をつらぬき、あらゆる実質に適用される。まさにこのような意味でそれは権力のカテゴリーであり、純粋な規律的機能なのである。だからフーコーは〈一望監視方式〉をダイアグラムと名づける。それは「あらゆる特定の用法から区別されなくてはならない」、また同様に特定されたあらゆる実質からも区別されなくてはならない機能なのである。[3] そして、『知への意志』は、同時に現われるもう一つの機能を考察するだろう。何らかの多様体において生を統治し、管理するという機能である。ただし、

（2）『知への意志』一二六～一二七〔一二三～一二四〕。

多様体がこんどは膨大な数（人口）からなり、空間が広げられ、あるいは開かれているという条件のもとである。こうしてはじめて「確率的にする」ということが、権力のカテゴリーの中で意味をもち始め、確率的な方法が導入される。つまり、近代社会における二つの純粋な機能は、「解剖政治学」と「生政治学」となる。そして二つの裸の素材とは、何らかの身体と、何らかの人口となる。[4]だから私たちは、ダイアグラムを、たがいに結びつくいくつかの仕方で定義することができよう。ダイアグラムとは、形成に特有な力の関係の表出である。それは、影響する能力と、影響される能力との配分である。それは、形式化されていない純粋な機能と、形成されていない純粋な素材との混合である。

〈権力〉を構成する力の関係と、〈知〉を構成する形態の関係については、知の二つの形態、二つの形式的要素について私たちが言ったのと、同じことを言うべきではないのだろうか。権力と知とのあいだには性質の相違があり、非等質性が存在する。しかし、二つはたがいに前提しあい、たがいに捕獲しあう。そして、結局、一方が他方に対して優先する。まず、性質の違いがあるというのは、権力は形態を経由するのではなく、ただ力のみを経由するからだ。知は形成された素材（実質）と形式化された機能に関わり、これらは、見ることと話すこと、光と言語という二つの大きな形式的条件のもとに、一つ一つの線分として配分されるのだ。知は、それゆえ地層化され、古文書として保存され、相対的に硬い線分性をそなえる。権力の方は逆に、ダイアグラム的である。それは地層化されていない素材や機能を作動させ、非常にしなやかな線分性によって進行する。実際、権力は形態を経由するのではなく、様々な点を経由する。それぞれの場合に、ある力の適用、ある力の他の力に対する能動または反動、つまり「つねに局在的で、不安定な権力の状態」としての情動をしるす特異点を経由するのだ。そこからダイアグラムの第四の定義が登場する。ダイアグラムは、特異性の放出であり配分なのである。権力関係は、同時に局所的、不安定、そして拡散的であり、一つの中心点や主権という唯一の焦点から放たれるのではなく、それぞれの瞬間に、「点から点へ」力の場のなかを移動し、屈折、跳ね返り、反転、渦巻き、方向転換、抵抗などを示すのである。だから、権力関係は何らかの審級に「局限しうるも

（3）『監獄の誕生』二〇七〔二〇七〕（そして二二九〔二二七〕「監獄が工場や学校や兵営や病院に似かよい、こうしたすべてが監獄に似かよっても何も不思議ではないのである」）。

（4）『知への意志』一八三〜一八八〔一七六〜一八一〕。

の」ではない。それは、地層化されないものの実践として、一つの戦略を構成し、「無名の戦略」は、可視的なものと言表可能なものの安定した形態をのがれてしまうのだから、ほとんど無言で盲目である。[5] ダイアグラムが古文書と区別されるように、戦略は地層化と区別される。戦略的環境あるいは地層化されないものを定義するのは、権力関係の不安定性である。だから、権力関係は、知られるということがない。ここでもまた、フーコーにはいくらかカントに似たところがあって、彼にとって、純粋に実践的な規定は、どんな理論的、認識的規定にも還元できないのだ。確かに、フーコーによれば、すべては実践的である。しかし権力の実践は、どんな知の実践にも還元できないのだ。このような性格の違いを明確にするために、権力は一つの「ミクロ物理学」に関わる、とフーコーは述べるだろう。ただし、「ミクロ」を、可視的あるいは言表可能な形態の、単なる小規模化と受け取ってはならない。そうではなく、別の領域、新しいタイプの関係、知には還元できない思考の次元、つまり動的な、局限することのできない関係として受け取らなくてはならないのだ。[6]

フーコーのプラグマティズムを要約しながら、フランソワ・シャトレは、「実践としての権力、規則としての知」[7]と的確に述べている。知の地層化された関係の研究は、『考古学』のなかで頂点に達していた。権力の戦略的な関係の研究は、『監獄の誕生』

とともに始まり、逆説的にも『知への意志』において頂点に達するのだ。つまり、権力と知のあいだの性格上の違いは、それらがたがいに前提しあい、捕獲しあうこと、

（5）本質的なテキストとして『知への意志』一二一～一二七〔一二三～一二四〕（点、戦略、不安定性、そして、抵抗について、フーコーは、数学における特異点の言語、「結節点、焦点……」をあからさまに使用することになる）。

（6）「権力のミクロ物理学」については、『監獄の誕生』一四〇〔一四四〕。ミクロなものの還元不可能性については、『知への意志』一三二〔一二八〕。フーコーの思考とピエール・ブルデューの「戦略」の社会学とを対照させなくてはならない。後者は、どのような意味においてミクロ社会学を構成するのか。おそらくまた、両者をタルド（Tarde）のミクロ社会学と関連させなくてはならないだろう。タルドのミクロ社会学の対象は、拡散した微細な関係であり、大きな集合でも、偉人でもなく、小さな人間の小さな観念であり、官吏の略署名、地方的な新しい習慣、言語の逸脱、伝播する視覚的歪曲である。それはフーコーがコーパスと呼ぶものに結びつく。「微小な発意」の役割については、タルドに非常に近い文章が『監獄の誕生』二二〇〔二一二〕に見える。

（7）フランソワ・シャトレとエヴリーヌ・ピズィエ『二十世紀の政治的概念』François Châtelet et Evelyne Pisier, *Les conceptions politiques du XXe siècle*, P.U.F., 1085.

相互的な内在性が存在することを妨げない。人間についての様々な科学は、それらを可能にする権力関係と不可分であり、権力関係は、多かれ少なかれ認識論的な敷居を越えることができる知、認識を形成することのできる知を成立させるのである。例えば、「性の科学」にとっての改悛者と聴罪師、信者と指導者の関係。あるいは心理学にとっての規律的な関係。人間の科学が監獄から発生した、というわけではなく、人間の科学は、監獄それ自体が依存しているような力のダイアグラムを前提としている、ということが重要なのだ。逆に力の関係は、様々な知を構成する、形成されたあるいは地層化された関係において実践されるのでなければ、過渡的、不安定で、消えやすく、ほとんど潜在的なままにとどまり、いずれにしても、知られることがないのだ。〈自然〉についての知、そしてとりわけ科学性の敷居の乗り越えでさえも、人間のあいだの力関係に関わるのであるが、力関係は、それ自体、次のような形で実現される。つまり、認識は決して、権力のダイアグラムから自由な主体に帰着するものではなく、権力のダイアグラムは、それを現実化する様々な知から決して自由ではない。ここで、ダイアグラムと古文書を結びつけ、それらを性質の違いにもとづいて分節化するような一つの権力‐知の複合体が確認される。「知の技術と権力の戦略の間には、いかなる外部性もない。たとえ、それらが特定の役割をもち、それらの差異から出発して、互いに連結しあうとしても」[8]。

権力関係は、様々な特異性（情動）を決定する差異的な関係である。それらを安定させ、地層化するような現実化とは、一つの統合作用である。つまり一つの「普遍的な力線」を引き、様々な特異性を結びつけ、それらを整序し、等質化し、系列化し、収束させるような作用である。[9]あらかじめ直接的に、全体的な統合作用が存在するわけではない。むしろ、多様な局所的、部分的な統合が存在し、そのそれぞれが、何らかの関係、何らかの特異点に似ているのである。統合を行なう諸要素、地層化する諸要因は様々な制度を構成する。〈国家〉、また〈家族〉、〈宗教〉、〈生産〉、〈市場〉、〈芸術〉それ自体、〈道徳〉……。制度は、源泉でも、本質でもなく、本質も、内部性ももたないのだ。制度は、実行であり、操作のメカニズムであって、権力を説明するものではない。制度の方が関係を前提とし、生産ではなく、再生産の機能において関係を「固定する」ことで満足するのだ。〈国家〉というようなものはなく、ただ国家化があるだけで、これは他の場合についても同じことである。だから、おのおのの歴史

(8)『知への意志』一三〇〔一二七〕。
(9)『知への意志』一二四〔一二二〕。

的形成に対して、このような地層の上にあるそれぞれの制度に属するものが何か、つまり制度はどんな権力関係を統合し、他の制度とどんな関係を保ち、どのようにして、このような配分は地層から地層へと変わっていくのか、と問わなければならないだろう。ここでも問題は、じつに可変的な水平的垂直的捕獲ということである。私たちの歴史的形成において、国家という形態が、かくも権力関係をとらえてしまったとすれば、それは権力関係が国家から派生したものだからではない。逆に、「不断の国家化」の作用が、確かに、場合によってかなり変化するのだが、教育、司法、経済、家族、性などの秩序において、全体的な統合をめざして生み出されたからである。いずれにしても、国家の方が権力関係を前提とするのであり、国家は権力関係の源泉なのではない。フーコーは、統治が国家よりも最初にくるといいながら、このことを表明している。ただし、「統治」を、そのあらゆる側面において、他に影響を及ぼす能力、と解さなくてはならない（子供、魂、病気、家族……を治めること）[10]。こうして、国家であれ他のものであれ、制度の最も普遍的な性格を定義しようとするなら、それは権力－統治の分子的または「ミクロ物理学的な」前提的関係を、ある種のモル的な審級の周囲に組織することであるように思われる。モル的な審級とは、国家にとっての〈主権者〉または〈法〉、家族にとっての〈父〉、市場にとっての〈貨幣〉、〈金〉、あるいは〈ドル〉、宗教にとっての〈神〉、性的制度にとっての〈性〉である。『知への意志』は、〈法〉と〈性〉という二つの特権的な例を分析することになる。そして、この本の結論のすべては、一つの「性なき性的欲望」の差異的な関係が、いかにして「唯一のシニフィアンそして普遍的なシニフィエとしての」性という思弁的要素に組み込まれてしまうかを示すのである。この思弁的要素が、性的欲望の「ヒステリー化」に着手しながら欲望を規範化するのである。しかし、プルーストの場合に少し似て、統合された性の背後では、たえず分子的な性的欲望が煮え立ち、ざわめいている。

様々な知（例えば「性の科学」）を構成するのは、このような統合作用、このようなモル的な審級なのである。しかしどのようにして、このレベルで、一つのひび割れが現われるのだろうか。一つの制度は必然的に二つの極あるいは二つの要素をもっている、とフーコーはいう。「装置」と「規則」である。制度はまさに、大いなる可視性、可視性の領野、そして大いなる言表可能性、言表の体制を組織する。制度は、二つの形、二つの面をもつのだ（例えば性は、同時に話す性であり、見させる性であり、

(10) フーコーの「統治」についての文章を参照すること。ドレイファス／ラビノウ、三一四〔三〇三～三〇四〕、制度については三一五〔三〇四～三〇五〕。

言語かつ光である)。[11] もっと一般的にいえば、私たちは先の分析の結論を再発見するのだ。つまり統合は、発散する様々な現実化の経路を作り出し、そのあいだに分割されることによってはじめて実現され作用するのだ。あるいはむしろ現実化は、形式的な差異化のシステムを作り出すことによってはじめて統合を行なうのだ。おのおのの形成において、可視的なものを構成する受容性の形態と、言表可能なものを構成する自発性の形態が存在する。確かにこれら二つの形態は、力の二つの側面、情動の二つの種類、影響される能力の受容性と、影響する能力の自発性と一致するものではない。しかし、二つの形態は二つの能力から派生し、そこに「内的条件」を見出すのだ。つまり権力関係はそれ自体形態をもたず、形成されていない素材(受容性)と、形式化されていない機能(自発性)とを接触させるのである。一方、知の関係の方は、可視的なものという受容的な種として、あるいは言表可能なものという自発的な種として、形成された実質と形式化された機能をそれぞれ処理するのだ。形成された実質は可視性として区別され、形式化され目的化された機能は言表として区別される。だから私たちは、権力の情動的なカテゴリー(「煽動する」、「誘発する」といったタイプ)と、知の形式的なカテゴリー(「教育する」、「世話する」、「罰する」……)とを混同しないようにしよう。知のカテゴリーは、見ることと話すことを通じて、権力のカテゴリーを現実化するのだ。しかしまさにこのようにして、一致を排除するこの移動によって、権力関係を現実化し、調整し、再配分する知を構成しながら、制度は権力関係を統合することができる。そして、問題となる制度の性格にしたがって、あるいはむしろその作用の性格にしたがって、可視性と言表はそれぞれに一定の敷居に到達し、この敷居は、それらを政治的にしたり、経済的にしたり、美学的なものにしたりする……(確かに、一つの「問題」は、可視性がまだ敷居のこちらにあるとき、言表だけが、例えば科学的な敷居に到達することがありうるかどうか知ることである。あるいはその逆がありうるか。しかしこのことによって真理が問題となるのだ。国家、芸術、諸科学の可視性があり、同じくたえず変化する言表がある)。

現実化ー統合作用は、いかに行なわれるのか。私たちは、そのことを少なくとも半分だけ、『知の考古学』によって理解するのだ。フーコーは、言表の固有性として「規則性」を引き合いにだす。ところで、フーコーにとって規則性は、実に厳密な意味をもっている。それは、特異点(規則)をたがいに統合する曲線である。厳密には、

(11)『知への意志』は、この二つの形態を分析している。語る性(一〇一〔一〇二〕)と光としての性(一〇七〔一九八〕)。

力の関係は特異点を決定するのだから、ダイアグラムはいつでも特異性の放射そのものにほかならない。しかし、隣接点を移動しながら、特異性を結合する曲線は、これとはまた全然別のものである。アルベール・ロトマンは、数学の場合、微分方程式の理論において、確かに補完的ではあるが、二つの「全く異なる現実」が存在することを示した。つまり、ベクトル場には特異点が存在し分配されるが、特異点の隣接においては積分的な曲線の形態が存在するのである。(12) そこから、『考古学』の依拠する方法が出現する。つまり、一つの系列は別の特異点の近傍まで延長され、そこから新しい系列が発生し、最初の系列とともに収束し(同じ族に属する言表の場合)、あるいは発散する(別の族の場合)。まさにこのような意味において、一つの曲線は力の様々な関係を規則化し整序し、様々な系列を収束させ、一つの「普遍的な力線」を引きながら力の関係を実現するのだ。フーコーにとっては、曲線も図形も言表なのだが、それだけでなく言表は、様々な種類の曲線であり図形なのだ。あるいは、言表が文にも命題にも還元されないことをよりよく示すために、私が偶然一枚の紙にしるす文字は一つの言表を形成する、と彼はいうのだ。「偶然という法則以外には何の法則ももたないアルファベットの系列からなる言表」と。同じように、フランス語のタイプライターのキーにしたがって私が書き写す文字は、一つの言表A, Z, E, R, Tを形成する

（たとえ、キーとそこに示された文字は可視性にほかならないのだから、それ自体としては言表ではないとしても）。フーコーのテキストのなかでも、最も難解な、または不可思議なものを集めてみると、彼はこれについてこうつけ加えている。言表は、必然的に一つの外と、「奇妙にも、それと類似し、ほとんど一致することもあるような他のもの」と、ある特定の関係を結ぶのだと。言表は可視性と、つまりキーの上の文字と関係をもつ、と解するべきだろうか。確かにそうではない。問題になるのはまさに、可視的なものと言表可能なものとのあの結びつきなのだから。言表は、決してそれが指示するものや、それが意味するものによって定義されるわけではない。私たちは、次のことをこそ理解しなくてはならない。言表は、特異点を結びつける曲線である。つまりこの曲線は、力の関係を実現し現実化する。このとき力の関係とは、頻度と隣接の秩序にしたがって（あるいは別の例では偶然にしたがって）、フランス語において、文字と指とのあいだに存在しているものだ。しかし特異点そのものは、それらの力の関係とともに、あらかじめ言表であったわけではない。それは言表の外であって、言表はこの外に奇妙にも類似し、ほとんど一致することがある。[13]可視性につ

（12）ロトマン『時間の問題』Lautman, *Le problème du temps*, Hermann, 41-42.

いては、例えばキーの上の文字は、言表の外部に存在しているが、しかしそれらは外を構成するものではない。このことによって、可視性は言表と同じ状況に置かれる。それゆえに可視性は、ある特定の状況を、自分なりの仕方で解決しなければならないのだ。可視性もまた、それが現実化する外に関わり、それがこんどは統合しなくてはならない特異性や力の関係に関わらなくてはならないのだが、言表とは全く別の方法、別の様式でそうしなくてはならない。可視性は言表の外部にあるからである。

言表-曲線は言語のなかに、情動の強度、力の差異的な関係、権力の特異性（潜在性）を統合する。しかし、そのとき、可視性もまた別の仕方で、これらのものを光のなかに統合する。だから、統合の受容的な形態としての光は、自発性の形態としての言語のたどる道に比較されるような道、しかしこれとは対応しない道を独自に作らなければならない。そして、二つのあいだの「無関係」のまっただなかで、二つの形態の関係は、不安定な力の関係を固定し、拡散を局所化し、しかも包括し、特異点を規則化する二つの方法になるだろう。なぜなら、可視性の方は、歴史的形成の光のもとで光景（tableaux）を構成するのだが、この光景と可視的なものとの関係は、言表と、言いうることと読みうることとの関係に等しいのだ。「光景」はいつもフーコーの頭から離れなかった。そしてしばしば彼は、この単語を、言表にもあてはまるような、非常に一般的な意味で用いた。しかしそのとき彼は、厳密な意味では言表のものではない、ある一般的な描写の可能性を言表に与えたのにすぎない。最高に厳密な意味では、描写－光景と言表－曲線は、まったく非等質的な、形式化と統合作用の力なのである。フーコーは、言表と描写との性格の相違を主張してきたすでに長い論理学的伝統（例えばラッセル）に合流する。論理学のなかに現われたこの問題は、小説、「ヌーヴォー・ロマン」、そして映画において、予期しない展開を見た。フーコーが提唱した新しい解答は、それゆえなおさら重要なものとなる。描写－光景は、可視性に固有の調整機能であり、まったく同様に言表－曲線は、読解可能性に固有の調整機能である。光景を描写しようとするフーコーの情熱、もっと正確には、光景に値する描写をしようとする情熱は、ここからやってくる。『宮廷の侍女たち』、またマネ、マグリットの描写、徒刑囚の鎖、あるいは保護院、監獄、小型の護送車などの描写は、まるで絵画

⒀『知の考古学』、言表、曲線あるいは図表については一〇九〔一二四〕、偶然または頻度の分配については一一四〔一三〇〕、キーと言表、キーの上の文字と言表における文字とのあいだの差異については一一四〔一三〇〕、「他のもの」あるいは外については一一七〔一三四〕。これらの問題の総体について、フーコーのテキストは、それゆえ実に濃密で、しかも簡潔である。

のように行なわれる。そして、フーコーは画家である。おそらくこのことが、彼の全著作において確立されたヌーヴォー・ロマンとの、そしてレーモン・ルーセルとの共通性なのだ。ヴェラスケスの『宮廷の侍女たち』の描写にもどろう。光の軌跡は、「螺旋状の貝」の形になり、それが特異性を見えるものにし、そこから表象の完璧な「円」におけるきらめきや反射を作り出す。[14] 言表が、文や命題である前に曲線であるように、光景は、輪郭や色彩である前に光の線なのである。そして、光景がこの受容性の形態において実現するものは、力関係の様々な特異性であり、ここでは「まばたきにおいて際限なく交代する」ような、画家と王との関係である。力のダイアグラムは、描写－光景と言表－曲線において、同時に現実化されるのだ。

フーコーのこのような三角形は、認識論的な分析においても、美学的な分析においても有効である。そのうえ、可視性が、捕獲された言表を含むことがあるように、言表それ自身も、捕獲された可視性を含み、しかもこの可視性は、たとえ言表と一緒に作用するときでも、言表とは区別されるのである。まさにこのような意味で、もっぱら文学的な分析のまっただ中に、光景と曲線との区別が見出されることもある。つまり描写は言葉によって行なわれることがあるが、やはり言表とは区別されるのである。私たちは、フォークナーのそれのような作品を考えることができる。言表は、様々な幻想的曲線をしるし、この曲線は様々な言説的対象や、移動する主体の様々な位置を通過し（同じ名前が幾人かの人々に、二つの名前が同じ人に使われる）、言語－存在のなかに、フォークナーに固有のあらゆる言語の集積のなかに登録される。しかし、描写はそのたびに光景を描き、このような光景は、反射、きらめき、輝きを、時と季節によって変化する可視性を出現させ、これらをある光－存在のなかに、フォークナーがその秘密を握っているあらゆる光の集中のなかに配置するのだ（フォークナーは、文学における最も偉大な明暗主義者である）。そして、これら二つの要素の彼方には第三のものが存在する。権力の焦点、知られず、見られず、語られない源泉。南部の家族において、蝕み蝕まれ、逆転し衰退する焦点、ある暗黒の生成のすべてがあるのだ。

知に対する権力の、知の関係に対する権力関係の優先性は、どのような意味で成立するのだろうか。それは、もし権力の差異的な関係が存在しなければ、知の関係は何も統合すべきものをもたないということを意味している。確かに、権力関係は、これを統合する作用がなければ、消滅しやすく、未発達であり、潜在的であるだろう。だ

---

(14)『言葉と物』二七〔三五〕（そして三一九〔三二七〕）。

から二つのあいだには相互的前提が存在する。しかし、優先性があるのは、知の二つの非等質的な形態が統合作用によって成立し、二つのあいだの間隙や無関係を超えて間接的な関係のなかに入り、力にのみ属する条件のなかに入るからである。だから、知の二つの形態のあいだの間接的な関係は、どんな共通の形態も、対応関係さえももたず、それらを二つとも包みこむ様々な力という、無形的な基本要素をともなうだけである。フーコーのダイアグラム論、すなわち純粋な力関係の表出、あるいは純粋な特異性の放射は、それゆえ、カントの図式論と同類なのである。つまり、ダイアグラム論こそが、自発性と受容性という二つの還元不可能な形態のあいだの関係を成立させるものなのだ。知はこの関係から出現するのだ。そして、このようなことは、力それ自体が、自発性と受容性を享受するからこそ可能なのだ。このような自発性と受容性は、無形式であるにもかかわらず、あるいはむしろ無形式であるからこそ、力に固有のものとなるのだ。おそらく権力は、もし抽象的に考察されるなら、見ることも話すこともない。権力は、その通路の網目、その数多くの巣穴によってのみ、みずからを識別するもぐらである。それは「数えきれない点から行使され」、「下からやってくる」。しかしまさに、それ自身は話すことも見ることもしないで、ただ見させ、話させるのである。フーコーの「汚辱に塗れた人々の生」に関する計画は、どのようなものだろうか。そこで、問題となっているのは、すでに言葉と光を手にいれ、悪によって際立つことになるような名高い人々ではない。不明な点の多い、無言の犯罪者であり、彼らの権力との出会い、権力との衝突が、一瞬彼らを光にさらし、一瞬話させるのである。私たちは、こういうことさえできる。知の背後に、現象学が願うような、起源的で自由な野性の経験は存在しないとすれば、それは、〈見ること〉と〈話すこと〉とが、いつもすでに権力関係のなかにまるごと捕らえられているからである。〈見ること〉と〈話すこと〉とは、権力関係を前提とし、これを現実化するのだ。(15) 例えば私たちが、言表を抽出するために、文とテキストのコーパスを限定しようとするとき、それは、このコーパスが依存している権力の（抵抗の）様々な焦点を確定してはじめて可能になる。次のことは本質的なことである。権力関係が、知の関係をともなうとすれば、逆に知の関係は、権力関係を前提とするのである。言表が、もっぱら外部性の形態のなかに分散して存在し、可視性が、もっぱらもう一つの外部性の形態

(15)「汚辱に塗れた人々の生」一六〔三二〇〕（そして、権力が見させ、話させ、光にさらし、話すことを強いる仕方については一五〜一七〔三一九〜三二二〕、二七〔三三九〕）。

のなかに散布されて存在するのは、権力関係がそれ自体、もはや形さえもたない一要素のなかに拡散され、多数の点になっているからである。権力関係は、言表（そして可視性）が関係する「他のもの」を指示する。たとえ言表が、統合装置の密かな不断の作用のせいで、この「他のもの」とあまり区別されることがないとしても。つまり、『考古学』のいうように、偶然な数の出現は「言表」ではないが、それを声で、あるいは一枚の紙の上で再現したものは一つの言表なのである。権力が単なる暴力でないのは、ただそれ自体が、力の力に対する関係（煽動する、誘発する、有用な効果を生み出す、等々）を表現するカテゴリーを経由するからではない。それはまた権力が知と関わりながら、見させ、話させることによって、真理を生み出すからである。[16] それは、真なるものを問題として生み出すのである。

先の分析によって、私たちは、知の水準における可視的なものと言表可能なものというフーコーの非常に特殊な二元論に直面したのであった。しかし、二元論は、ふつう最低三つ意味をもっていることに注目しなければならない。まず、デカルトのように二つの実体のあいだに、カントのように二つの能力のあいだに、還元不可能な差異を強調する真の二元論が問題になる。それから、スピノザ、ベルクソンの場合のように、一元論にむけて越えていくための仮の段階が、問題になっていることもある。

またさらに、複数主義のまっただ中で行なわれる準備的な分割が問題になっている場合もあるのだ。最後が、フーコーの場合である。なぜなら、可視的なものと言表可能なものとが対立状態に入るとすれば、それは、おのおのの形態が、外部性の、つまり分散や散布の形態として、この二つを二つのタイプの「多様体」にし、どちらも統一性にもたらされることがないからである。つまり、言表は、言説的な多様体においてのみ存在し、可視性は、非言説的な多様体においてのみ存在する。そして、これら二つの多様体は、第三の、力関係の多様体、もはや前の二つを経由せず、あらゆる二元化可能な形態から解放された、拡散的多様体にむけて開かれる。『監獄の誕生』は、二元論が「多様体」のなかに突如としてやってくるモル的な、あるいは集中的な効果であることをたえず示し続ける。そして、力の二元性、影響することと影響されることとは、力の多様体や、力の多様な存在の一つ一つにおける指標にすぎないのである。ジーバーベルクは、二分することとは、一つの形態では表わせない多様性を分割する試みである、と言ったことがある。(17)しかしこの分割は、ただ多様体から多様体を区別するだけなのだ。フーコーの哲学の総体が、多様なものの実践論なのである。

(16)『知への意志』七六〔七四〕、九八〔九五〕。

もし、可視的なものと言表可能なものという二つの形態の変化する組み合せが、歴史的な地層、あるいは歴史的形成物を構成するのだとすれば、権力のミクロ物理学は、反対に、無形の地層化されない要素における力の関係を明示するのである。だから、超感覚的なダイアグラムを、視聴覚的な古文書と同じとみなすことはできない。つまりダイアグラムは、歴史的な形成が前提とするア・プリオリのようなものである。しかし、地層の下方や、上方、あるいは外にさえも、何も存在しない。動きやすい、消えやすい、拡散する力の関係は、地層の外にあるわけではなく、地層の外そのものなのだ。だからこそ、歴史の様々なア・プリオリはそれ自体、歴史的である。一見して、ダイアグラムは近代社会にのみあてはまると、考えられるかもしれない。つまり『監獄の誕生』は、社会的な場に内在する碁盤割りによって、古い王権の効果を代替するものとして、規律のダイアグラムを分析している、というわけだ。しかし決してそうではない。力のダイアグラムに関わり、同じくその外に関わるのは、地層化された一つ一つの歴史的形成なのである。私たちの規律的社会は、次のように定義しうる権力のカテゴリー（行動に対する行動）を経由するのである。つまり、何らかの義務を課し、あるいは有用な効果を生み出し、何らかの人口を管理し、または生を統治すること。しかし、古い王権の社会も、やはりまた他のダイアグラムのカテゴリーによって定義されたのである。つまり、天引きすること（行動や生産物から天引きする行為、力から天引きする力）、そして死を決定すること（「死なせること、あるいは生かしておくこと」、これは生を統治するのとは全く別のことである）[18]。どちらの場合にもダイアグラムが存在する。フーコーはさらに、国家社会よりもむしろ、教会の共同体が関係する別のダイアグラムも示唆している。それは、「牧人的」ダイアグラムであって、彼は、その様々なカテゴリーをあげている。群を養うこと……これも力の関係、あるいは行動に対する行動にほかならない[19]。後でみるように、ギリシャ的ダイアグラム、ローマ的ダイアグラム、封建的ダイアグラムについて語ることもできる。そのリストは、権力のカテゴリーと同じく無限である（そして規律的ダイアグラムは確かに最後のものではない）。見方によっては、様々なダイアグラムは、おのおのの地層の上で、下で、あるいはあいだで交通しあうといえるだろう（このようにして、「ナポレオン

（17）ジーバーベルク『パルシファル』Syberberg, *Parsifal*, Cahiers du cinéma-Gallimard, 46. ジーバーベルクは話すことと見ることとの分離を、とりわけ発展させた映画作家の一人である。
（18）『知への意志』一七八～一七九〔一七二～一七三〕。
（19）ドレイファス／ラビノウ、三〇五〔二九三〕、牧人的権力の四つのカテゴリーを参照。

的」ダイアグラムは、古い王権の社会と、このダイアグラムがあらかじめ描き出す新しい規律的社会とのあいだにある地層間的、仲介的なものとして定義することができる[20]。そして、確かにこのような意味で、ダイアグラムは地層と区別される。つまり、地層化された形成だけが、ダイアグラムそれ自身はもっていない安定性をダイアグラムに与えるのである。それ自体としては、ダイアグラムは、不安定で、動揺し、攪乱されている。これは〈ア・プリオリ〉のパラドクサルな性格であって、一種のミクロな動揺である。つまり、関係しあう力は、そのあいだの距離や関係の変化と不可分なのである。要するに、力はたえまない生成（devenir）の状態にあり、歴史を裏うちする力の生成が存在する、あるいはむしろ、ニーチェの概念によれば、力の生成は歴史を包みこんでしまうのだ。だから、ダイアグラムは、力の関係の一集合を明示するものとして、一つの場所ではなく、むしろ「一つの非場所」である。それは、様々な突然変異にとっての場所となるだけだ。突然、事物も、言表された命題も、もはや同じようには知覚されない……[21]。おそらく、ダイアグラムは、それを安定化し固定する地層化された形成と通じあうのだが、別の軸にしたがえば、他のダイアグラムと交通し、ダイアグラムの他の不安定状態と交通する。このような状態を通じて、力はその突然変異的な生成を続行するのだ。それゆえ、ダイアグラムはいつでも地層の外である。

それは、そのまま特異性、特異点の放射であるからこそ、力の関係を表出するものでもある。すべてが、どんなものとでも結びつくというわけではない。むしろ、引き続き行なわれる抽出が問題であり、その一つ一つは偶然に行なわれるが、前の抽出によって限定された外的条件において行なわれるのである。ダイアグラム、ダイアグラムのある状態は、いつでもマルコフ*の連鎖の場合のように、偶然性と限定性の混合である。「偶然のダイスカップを揺する必然性の鉄の手」とフーコーに引用されたニーチェはいう。だから、連続性、内面化による連結ではなく、切断と不連続（突然変異）の上での再連結だけが存在する。

外部性と外とは区別しなくてはならない。『知の考古学』が示すように、外部性はまだ一つの形態であり、たがいに外的な二つの形態なのである。知はこの二つの環境、光と言語、見ることと話すことからなっている。しかし、外は力に関わるのである。

(20)『監獄の誕生』二一九〔二一七〕。

(21) 力関係、生成、非場所については、「ニーチェ・系譜学・歴史」（一五六〔一二一～一二三〕）を参照。「唐突に」、物がもはやおなじようには、知覚されず、言表もされなくなるような突然変異については、『言葉と物』二二九〔二三七〕。そして『知への意志』一三一〔一二八〕、「権力－知の関係は、既成の分割形態ではなく、変形の母体である」。

つまり、もし力がいつでも他の様々な力と関係するなら、様々な力は、必然的に、もはや形さえもたない還元不可能な一つの外に関わるのである。このような外は、分解することのできない様々な距離からなり、この距離を介して、力は他の力に作用し作用されるのだ。一つの力が、変化する配置を他の力に与えたり、他の力から受け取ったりするのは、いつも外からである。この配置は、このような距離を通じて、あるいはこのような関係のもとでだけ存在するのである。それゆえに、形態の歴史とは決して一致しない力の生成が存在するのである。この生成は、別の次元で行なわれるからである。どんな外部世界よりも、またどんな外部性の形態よりも、なお遠い一つの外、そのため限りなく近いものである一つの外。そして、より近く、より遠いこのような外がなければ、どのようにして、二つの外部性の形態は、たがいに外部にありえようか。『考古学』によってすでに示されていた「他のもの」……。そして、非等質的なものとして外部的である知の二つの形式的要素が、真理の「問題」の解決にもなる歴史的な和解を見出すとすれば、それは、私たちがすでに見たように、力が、形態の空間とは別の空間、〈外〉の空間で作用するからである。そこではまさに関係は一つの「無関係」であり、場所は非場所であり、歴史は生成なのである。フーコーの著作のなかで、ニーチェについての文章とブランショについての文章は、結合し、あるいは再結合する。見ることと話すことが外部性の形態であるとすれば、思考することは形態をもたない外にむけられている。[22] 思考すること、それは地層化されないものに到達することである。見ることは考えることであり、話すことは考えることであるが、考えることは、見ることと話すことのあいだの間隙、分離において行なわれる。フーコーとブランショの二度目の出会いはこのようなものである。つまり、外という「抽象的な嵐」が見ることと話すことのあいだの間隙に滑りこむかぎり、考えることは外に属しているのである。外への呼び掛けはフーコーの恒常的なテーマであり、そしてそれは思考することが一つの能力の先天的な行使ではなく、思考にやってこなければならないものであることを意味している。思考することは、可視的なものと言表可能なものとを統一する美しい内面性に依存するのではない。思考は、間隙を穿ち、内面を吸圧し解体する一つの外の侵入によって実現されるのである。「外が穿たれ、内面を吸

(22) ブランショを讃える論文『外の思考』を参照。ブランショとの二つの遭遇の点は、それゆえ、外部性（話すことと見ること）そして外（思考すること）である。また、外部的な形態の次元とは異なる次元、「異なる空間」としての力の外については、『これはパイプではない』四一〜四二〔四九〜五〇〕。

引するとき……。」つまり、内面は始めと終わりを前提とし、ものごとを一致させ「全体」を形成する能力をもつ一つの起源と一つの目的地を前提とする。しかし、環境と中間しか存在しないなら、言葉と物が決して一致せず、環境によって切り開かれるなら、それは、外からやってくる力、動揺や、攪乱や、再編成や、突然変異の状態でしか存在することのない様々な力を解き放つためである。サイコロの目だけが真理である。考えることは、賽の一擲であるからだ。

外の力が私たちに告げるのはこのようなことだ。変容するのは、決して歴史的で地層化された考古学的な構成物ではなく、様々な構成力なのである。それらは外からやってきて、他の様々な力と関係する（戦略）。生成、変化、突然変異は、様々な構成力に関連するのであって、構成された形態に関連するのではない。なぜ、一見実に単純なこのような考えは理解し難く、「人間の死」はこんなにも誤解をまきおこしたのか。実在する人間が問題になっているのではなく、単に一つの人間概念が問題になっている、という反論があった。またフーコーにとってニーチェと同様に、実在する人間が、自己を乗り超えることが問題だと考えるものもあった。願わくば、超人にむかって。二つの場合とも、フーコーについて、またニーチェについても、無理解がある（私たちは、ニーチェの場合にもあったような、フーコーへの註釈を刺激している悪意や愚昧の問題にはまだふれていない)。まさに問題になっているのは、概念的であれ実在的であれ、知覚可能であれ言説可能であれ、人間的な構成物ではない。人間の構成力が問題になっているのである。この構成力は他のどんな力と結合するか、その結果出現するのはどんな構成物か、ということである。ところで古典主義時代に、人間のあらゆる力は、これから実定的なものを、または無限にまで上昇可能なものを取り出そうとする「表象」という一つの力に結ばれている。だから力の総体は、人間ではなく神を構成し、人間は無限の様々な秩序のあいだにしか現われることができなかった。そのためメルロ＝ポンティは、古典主義的な思考を、それが無限を考える際の、無垢な方法によって定義したのだ。無限は有限に先行するだけではない。無限へともたらされる人間の諸性質は、神のはかりしれない統一性を構成するのに寄与したのである。人間が特異な構成物として現われるためには、その様々な構成力が、表象の力をのがれ、表象の力を解体する新しい力と結びつかなくてはならない。この新しい力とは、生命、労働、言語の力である。生命は「組織」を、労働は「生産」を、言語は「系譜」を発見し、それらは新しい力を表象の外におくからである。このような有限性の不可解な力は、最初は人間的なものではない、しかしそれらは人間の力と関係し、人間に固有の有限性に人間を下降させ、人間が後で自分のものにする歴史を人間に伝えるのである。[23]そこで、この十九世紀における新しい歴史的形成において、「抽出された」様々な構成力の総体によってまさに人間が構成されるのだ。しかし仮に第三の抽出を想像してみると、人間の力はさらに別の諸力と関係し、神でも人間でもない、さらに別のものを構成することになるだろう。人間の死は、新しい構成物をめざして神の死に結びつく、といえるかもしれない。要するに、構成力と外との関係は、異なる関係のもとで、新しい構成にしたがって、すでに構成された形態をたえず変化させる。人間が潮の満ち干するあいだの砂浜の形である、ということは文字通りに解されるべきである。それは、他の二つの構成、つまり、人間をまだ知らない古典主義的な過去に属する構成と、もはや人間を知らない未来に属する構成とのあいだにだけあらわれる一つの構成なのだ。[24]喜んだり、悲しんだりする余地はない。私たちは頻繁に言っているではないか。人間の力はすでに他の力と、例えば情報の力と関係しており、これは人間の力とともに人間以外のものを構成し、第三種の機械とともに、「人間－機械」という分割不可能なシステムを構成していると。炭素との結合ではなく、むしろ硅素との結合と。

一つの力が、他の力から影響され、他の力に影響するのは、いつでも外からである。影響し影響される能力として、権力は、関係する力によって異なる仕方でみたされる。

力関係の総体を決定するものとしてのダイアグラムは、異なる関係、異なる構成に入っていくことのできる力を決して消耗してしまうことはない。ダイアグラムは外から出現するが、外はどんなダイアグラムとも一致することがなく、たえず新しいダイアグラムを「抽出する」。こうして外はいつも未来の開放であって、それにとっては何一つ終わることがない。何一つ始まったこともなく、すべては変身するからである。この意味で、力は、力をとらえるダイアグラムに対して、一つのポテンシャルをそなえている。あるいは「抵抗」の能力として現われる第三の権力をそなえている。実際、力のダイアグラムは、権力関係に対応する権力の特異性の傍らに（あるいはむしろ正

(23) 『言葉と物』において本質的なのはこのことである。生、労働、言語は、人間が自分自身の有限性として意識することになる人間の力である、とフーコーは言っているのでは全くない。反対に、生、労働、言語は、まず人間に対して外部的な有限の力、自分のものではない歴史を課する力として出現する。人間がこの歴史を自分のものにし、自分自身の有限性を根拠とするようになるのは、第二の段階である。三八〇～三八一〔三五〇～三五二〕を参照。フーコーはそこで、この分析の二つの段階を要約している。

(24) 『言語と物』の最後の文章。私たちは〈付記〉において、人間の死に関して、より詳細な分析を提起する。

面に)、「点、結節点、焦点」のような抵抗の特異性を現わし、この抵抗の特異性がこんどは地層に対して作用するのだが、それは地層の変化を可能にするように作用するのである。(25) そのうえ、権力の決定的言葉とは、抵抗が最初にある、ということである。権力関係はまるごとダイアグラムのなかに収まっているのに対して、抵抗は必然的に、ダイアグラムを出現させる外と直接的な関係をもつからである。(26) だから、社会的な領野は戦略化する以上に、抵抗するのである。そして外の思考は抵抗の思考となる。

いまから三世紀前、愚か者たちは、スピノザが、人間の自由もその固有の存在さえも信じていないのに、人間の解放を願っているというわけで驚いたものだ。いまでは、新しい愚か者たちや愚か者の生まれ変わりが、人間の死を述べたフーコーが政治闘争に参加していた、というわけで驚いている。フーコーに反対して、彼らはどんな分析も免れるべき人権についての、普遍的で永遠の意識を引き合いに出す。永遠を口実にすることが、愚劣すぎ粗雑すぎる思考の仮面、そのような思考を養っているもの(十九世紀以来の近代法の変形)についてさえ無知な思考の仮面であるのは、いまさら始まったことではない。確かにフーコーは、普遍的なものや永遠なものにあまり重要性を与えなかった。それは、一定の歴史的形成において、一定の形式化のプロセスのもとで、ある種の特異性の配分からやってくる集中的な、または包括的な効果にすぎないのだ。普遍的なものの下には、特異性の様々な作用、特異性の放射がある。そして、人間の普遍性や永遠性は、一つの歴史的地層によってもたらされる特異で過渡的な組み合せの影にすぎない。普遍的なものが言表の出現と同時に言及される唯一の場合は、数学である。この場合「形式化の敷居」は、出現のための敷居と一致するからである。しかし、他の場合はどこでも、普遍的なものは後からくるのである。(27) フーコーは、「特異性を概念にまで上昇させるロゴスの運動」を糾弾することができる。「このロゴスは、実はすでに安定した言説にすぎず」、すっかりできあがっていて、すべてがすでに言われ、すべてがすでに死にたえ、「自己意識の無言の内面性」のなかで反転さ

(25)『知への意志』一二六〜一二七〔一二三〜一二四〕(「一つの革命を可能にする」ために、統合され地層化される「抵抗点の多様体」)。

(26) ドレイファス/ラビノウ、三〇〇〔二九〇〕。そして現代的な抵抗の形態によって提示された六つの特異性については、三〇一〜三〇二〔二九〇〜二九一〕(とりわけ現代的闘争の「横断性」、これはミシェル・フーコーとフェリックス・ガタリに共通の概念である)。フーコーには、マリオ・トロンティの、マルクス主義の解釈をめぐる主張の反響がみられる(『労働者と資本』*Ouvrier et capital*, Ed. Bourgois)。つまり資本の戦略に対して、第一にくる「労働者の」抵抗という観念である。

れてしまったときに現われる言説なのである。[28] 実際に成立する権利主体は、特異性のにない手、「可能性の充溢」としての生であって、永遠の形態としての人間ではない。そして確かに、憲法による政治の時代に生命力が一瞬、人間の形態を構成したとき、この人間は、生の代わりに、また権利主体の代わりにきたのだ。しかし、今日では権利はさらに主体を変更した。なぜなら、人間において、生命力は、別の組み合せに入り、別の形態を構成しているからだ。「要求されているもの、目的となるものとは生である……。たとえ、政治闘争が権利の確立を通じて表明されるとしても、政治闘争の狙いになったのは、権利よりもはるかに生なのである。生、身体、健康、幸福、欲求の充足の権利……古典的な法体系にとっては、全く不可解なこの権利……[29]」。

まさにこのような突然変異を、私たちは、「知識人」の地位についてもみるのである。出版された数多くの対話のなかで、知識人は、十八世紀から第二次世界大戦にいたる長い時期にわたって、普遍性を標榜することができた、とフーコーは説明している（おそらくゾラ、ロランを経てサルトルにいたるまでこれは続いた）。それは作家の特異性が「法律家－有力者」の位置に符合して、法律の専門家に抵抗し、そのようにして普遍性の効果を生み出すことができるかぎりでのことだった。もし、知識人が相貌を（そして、書くことの機能を）変えたとすれば、それは彼の位置そのものが変わり、今ではむしろ、ある特殊な場所から、別の特殊な場所へ、ある特異点から別の特異点へと移動するからである。彼は「原子物理学者、遺伝学者、情報処理技術者、薬理学者……」などであって、もはや普遍性の効果ではなく、横断性の効果を生み出し、交換装置や例外的な交錯などとして機能するのだ。(30) このような意味で、知識人そして作家でさえも、抵抗が「横断的」になったのでますます現実的闘争や抵抗に参加することができる（それは一つの潜在性にすぎないが）。こうして知識人や作家は、

(27)『知の考古学』二四六〔二八六〕。「〔数学の〕存在可能性そのものが、他では全歴史にわたって分散したままのものが、はじめから与えられていた、という事実をともなっていたのである……。数学的な言説の確立を、他のあらゆる科学の誕生と生成の原型とみなすことによって、歴史性のあらゆる特異な形態を等質化する危険があるのだ……。」

(28)『言語表現の秩序』五〇～五一〔五〇～五一〕。

(29)『知への意志』一九一〔一八三〕（そして一七一～一九二〔一六四～一八三〕のあらゆる文章）。個人（市民的権利）よりも生命（社会的権利）を、人間的対象とするようになる権利の進化をめぐるフランソワ・エヴァルドの分析は、フーコーに依拠している。『福祉国家』を参照。Cf. *L'Etat providence*, Grasset, 24-27.

権利の言語よりも、むしろ生の言語を話すのにふさわしいものになるのだ。

『知への意志』の最も美しいページで、フーコーは何をいおうとしているだろうか。権力のダイアグラムが君主権のモデルを放棄して、規律的モデルを与えようとしたとき、それが人口についての生‐権力、生‐政治学となり、生の養護、管理になるとき、まさに生は権力の新しい対象としてあらわれる。そのとき、権利はますます君主の特権を構成していたもの、つまり死なせるという権利（死刑）を放棄するのだが、こんどはますます大虐殺や集団殺人を犯されるがままにする。昔の殺す権利を復活することによってではなく、逆に、人種、生命的空間、自分をより優秀とみなす一つの人口の生命と生存などを口実にしてそうするのである。この人口は自分の敵を、もはや昔の君主が法律上の敵を扱うように扱うのではなく、有毒で有害な要因、一種の「生物学的危険」として扱う。こうして、死刑が廃止される傾向にあることと、大虐殺が拡大していくこととは「同じ理由にもとづき」、ますます人間の死を証言する。ただし、権力がこのように生を対象とし目的とするとき、権力への抵抗はすでに、生を要求し、生を権力に対立させているのである。「政治的対象としての生は、ある意味では、そのまま感受され、それを管理しようとするシステムに反逆した」。紋切り型が言ったこととは反対に、抵抗するために〈人間〉を持ち出す必要は少しもないのだ。抵抗によって、古い人間から抽出されたものとは、ニーチェがいったように、より大きく、より果敢な、より肯定的な、より可能性に富んだ生の様々な力にほかならない。超人とは、決してこれと別のことをいおうとしたものではない。人間そのものにおいて、生を解放しなければならないのだ。人間自体は、生を閉じ込める方式だからである。権力が生を対象とするとき、生は権力に対する抵抗となる。そこでもまた、二つの作用が同じ地平に属している（中絶の問題について、いちばん反動的な権力が「生きる権利」を持ち出すとき、このことはよく理解される）。権力が生‐権力となるとき、抵抗は生の権力となり、種や、環境や、何らかのダイアグラムの経路に拘束されることのない生命の権力となる。外からくる力とは、「生命」についての一つの思想、一つの生気論であり、フーコーの思考はそこで頂点をきわめるのではないだろうか。生は、力のこのような抵抗能力ではないだろうか。フーコーは『臨床医学の誕生』ですでに、死にあらがう様々な機能の総体によって生を定義しながら、新しい生気論を考え出したビシャを賞賛していた。[31] そして、フーコーにとってもニーチェにとっても、

（30）「普遍的」知識人と「特異な」知識人。フォンタナとのフーコーの対話 *L'arc* n 70.
〔「真理の権力」『ミシェル・フーコー思考集成Ⅵ』〕

抵抗する力と機能の総体は、人間のなかにこそ、追求されるべきなのである。それが人間の死に抵抗する。スピノザは言っていた。人間の身体が、人間の様々な規律から解放されるとき、この身体にとって可能なことは測りしれないと。そしてフーコーにとって、「生きているものとしての」人間、「抵抗する力」の総体としての人間にどんなことができるか、測りしれないのだ。(32)

(31)『臨床医学の誕生』一四六〔一九九〕。「ビシャは死の概念を相対化し、それが分割不能の、決定的な、回復不可能な事件のようにみえていた絶対的な地位から、これを失墜させた。彼は死を気化させ、こまかな死、部分的な死、進行的な死、死そのもののかなたでやっと終結するようなゆっくりした死、などという形で死を生の中に配分したのである。しかしまさにこのことによって、医学的思考と医学的知覚の、ある根本的な構造を彼はつくりあげた。すなわちこの構造は、生がそれに対立するものであり、それに身をさらしているものである。またその構造に対して、生は生ける対立であるがゆえに生命なのである。さらに、その構造に対して、生は分析的に身をさらしているがゆえに真実なものなのである。……生命論とは、この『死論』の基盤の上に現われるのである」。

(32)『知への意志』一九〇〔一八二〕。

# 褶曲あるいは思考の内（主体化）

『知への意志』に続く長い沈黙のあいだに一体何が起こったのだろうか。たぶんフーコーは、この本に結びついたある種の誤解を感じていた。彼は、権力関係の中に閉じこもってしまったのではないか。彼は自分自身に、次のような反論をむける。「私たちは、一線を越えること、別の側に移動することがやはりできないままでいる……相変わらず同じ選択、権力の側に、権力が言うこと、言わせることの側にある……」[(1)]。そしておそらく彼自身こう答えるのだ。「生のもっとも強度な地点、その全エネルギーが集中する地点は、生が権力と衝突し、これと争い、権力の力を利用し、あるいはその罠を逃れようとするときである。」同様に、権力の拡散した中心は、ある意味で

（1）「汚辱に塗れた人々の生」一六〔三二〇〕。

最初に存在する抵抗点をもつことなしには存在しえないことを、彼は思い起こさせるだろう。そしてまた権力は、権力にあらがう生を暴露し、誘発することなしには、生をその目標とすることもないことを。そして結局、外の力は、たえずダイアグラムを動揺させ、転倒させるということを。しかし逆に、抵抗の横断的な関係がたえず再地層化され、権力の結節点と出会い、結節点を作りさえするなら、一体何が起きるだろう。すでに、一九七〇年以後の監獄運動の最終的な挫折はフーコーを落胆させ、世界的レベルの他の様々な事件によって、落胆は大きくなったにちがいない。もし権力が真理の構成要素であるなら、権力の真理でないような「真理の権力」を、権力の統合線からではなく抵抗の横断線から出てくるような一つの真理を、どうすれば着想することができるだろうか。いかに「線を越える」か。そして、外の力としての生に到達しなければならないなら、この外が恐るべき空虚ではないという保証、抵抗するようにみえるこの生が、単に、「部分的、漸進的で、緩慢な」死を空虚のなかに配置することでない、という保証があるだろうか。私たちは、「分割できない、決定的な」出来事において、死は生を運命に変える、と言うことさえできない。むしろ死は多様化し差異化して、生に様々な特異性をもたらし、それゆえ真理をもたらす、と言うことができるだけだ。生は抵抗からこのような真理を受け取ることを信じているのだ。それでは、死そのものという大いなる限界に先んじ、この死の後も続行されるこれらのありとあらゆる死を通過するということ以外に、一体何ができるだろう。生はもはや、その場所、あらゆる場所を、「人は死ぬ」という葬列に見出すだけだ。ビシャは、決定的な瞬間、あるいは分割不可能な事件という死の古典主義的な概念と訣別し、しかも、死を、生と共通の広がりをもつものとして措定し、また部分的で特異な、様々な死の多様体からなるものとして措定しながら、二つの仕方で訣別したのである。フーコーがビシャの理論を分析するとき、単なる認識論的分析とは別のことが問題になっていることが、その調子から十分にわかる。(2) 死を理解することが問題なのだ。そして、フーコーほどに、死を理解してその通りに死んだ人はまれである。フーコー自身のものであるこの生の力を、フーコーはまた、ビシャのいう多数多様な死として考え、生きたのである。それでは、権力と衝突し、権力と戦い、闇にもどっていく前に権力と「そっけない、鋭い言葉」を交わすことによってだけ姿をあらわすこの無名の生以外には何が残るだろうか。このような生をフーコーは、「汚辱に塗れた人々の生」と呼

(2)『臨床医学の誕生』一四二～一四八〔一九四～二〇二〕、一五五～一五六〔二一〇～二一一〕。

び、「彼らの薄幸、怒り、またはあいまいな狂気」のゆえに、彼らを尊重するようにと提案した。[3] 奇妙なことに、不可解なことに、この「汚辱」の権利を彼は要求する。「わたしは、あるエネルギーをそなえた、この種の粒子から出発した。そのエネルギーは、この粒子が、小さく、分別しがたいだけに、なおさら大きいのであった。」彼は、『快楽の活用』の胸を引き裂く言葉にたどりつく。「自分自身から離脱すること……」[4]。

『知への意志』は、明らかに一つの疑いとともに終わっている。もし、『知への意志』を書き終えて、フーコーが袋小路に入ったとすれば、それは、権力についての彼の考え方が理由ではない。むしろ、権力そのものによって私たちが追いやられる袋小路を、彼が発見したからである。私たちの生においても、思考においても、最も微細な真理のなかで、私たちは権力と衝突するのだ。外が、外を真空から引き離す運動の中に入り、外を死から遠ざける運動の場になることがないとすれば、出口はないだろう。それは、知の軸とも、権力の軸とも区別される新しい軸に似ていることだろう。一つの静けさが勝ち取られるような軸なのだろうか。生のほんとうの肯定だろうか。いずれにしても、それは他の軸を消滅させるような軸ではなく、すでに他の軸とともに働き、それらが、袋小路に閉じ籠もってしまうことがないようにする軸である。たぶんこの第三の軸は、フーコーのなかに最初から現われていた（同様に、権力は最初から知のなかに現われていたのだ）。しかし、この軸は、たとえ他の二つにもどってしまうことになるにせよ、それらと距離をもってはじめて取り出される。フーコーは、

（3）「汚辱に塗れた人々の生」一六〔三二〇〕。私たちは、フーコーが、汚辱に関する他の二つの概念に反対していることに着目したい。一つはバタイユに近いもので、まさにその過剰さによって、伝統や物語の中に入る生にかかわるものである（それはあまりに「名高い」古典的な汚辱、例えばジル・ド・レのそれであって、結局贋の汚辱である）。もう一つの、もっとボルヘスに近い概念によれば、一つの生が伝説に導かれるのは、その企みの複雑さ、その迂回、その不連続性が、一つの物語によってしか理解可能性を見出しえないからである。物語は、可能性を酌みつくし、矛盾する数多くの事態を被いつくすことができる（これは、「バロック」的な汚辱であって、スタヴィスキーがその一例であるといえよう）。しかし、フーコーは、第三の汚辱、厳密にいえば、稀少性の汚辱を認知するのである。それは、ささいな、光を浴びない、単純な人々の汚辱であって、訴え、警察の報告などによってのみ、一瞬光を浴びるだけなのである。これはチェホフに近い概念である。

（4）『快楽の活用』一四〔一五〕。

他の道のあいだに紛れ込んでいる限り感知するのが難しいこの道を識別しようとして、ある一般的な再構成を行なう必要性を感じていた。フーコーが、『快楽の活用』の一般的序論のなかで示しているのは、このような再構成である。

それではどのようにして、新しい次元は、最初から存在していたのだろうか。これまでに私たちは、三つの次元と出会ったのである。地層の上で形成され、形式化される関係（知）、ダイアグラムの水準における力の関係（権力）、そして外との関係、ブランショが言うように、確かに無関係でもある絶対的関係（思考）である。それはつまり、内は存在しないということだろうか。フーコーは内面性を、たえず根本的な批判にさらした。しかし、外がどんな外部的世界よりも遠いように、内はあらゆる内部的世界よりも深いのではないか。外は固定した限界ではなく、動く物質なのである。この物質は、蠕動によって、一つの内を形成する襞や褶曲によってかき立てられる。内は外と異なるものではなく、まさに外の内である。『言葉と物』は、この主題を発展させていたのである。もし、思考が外からやってきて、いつも外とつながっているとすれば、どうして外は、思考が思考しないもの、思考しえないものとして、内に現われないことがあろうか。だから、思考されないものは外部にあるのではなく、外を裏うちし、外を穿つ思考不可能性として、思考の中心に存在するのだ[5]。思考の内、思考されないものが存在することは、すでに古典主義の時代が、無限と、無限の様々な秩序を引き合いに出しながら言っていたことだ。そして、十九世紀からは、こんどはむしろ、有限性の諸次元が外を折り畳み、ある「深さ」、ある「自己のなかに退いた厚さ」、生命、労働、言語という、ある内を構成することになる。このような内に、眠りこんでしまうことになるにすぎないとしても人間は住み着き、あるいは逆に、この内は、「生きる存在、労働する個人、あるいは話す主体としての」[6]覚めた人間のなかに住まうのだ。外を屈曲させ、内を構成するのは、無限の襞（pli）であったり、有限性の襞（replis）であったりする。そして、『臨床医学の誕生』はすでに、臨床医学がどんなふうに身体を表面化するか、またその後、病理解剖学がどんなふうに深い褶曲を導入し、この褶曲が古い内面性を復活させるものではなく、むしろこの外の新しい内を構成することになるか、ということを示したのであった。[7]外の作用としての内。

(5)『言葉と物』三三三〜三三九〔三四二〜三四九〕、「コギトと思考されないもの」。また「外の思考」。

(6)『言葉と物』二六三〔二六九〕、三二四〔三三三〕、三二八〔三三七〕、三三五〔三四四〕。

あらゆる著作においてフーコーは、まるで船が海の襞ででもあるかのように、外の襞にほかならない一つの内という主題につかれていたように思われる。ルネッサンスの頃、船に乗せられる狂人について、フーコーは言った。「彼は外部の内部におかれる、あるいはその反対に……、路のなかでも最も自由な開かれた路の中心に立つ囚人、無限の交差点に固く縛られた彼は、いみじくも〈旅人〉であり、つまり、移動の囚人というわけだ」[8]。思考は、このような狂人と異なった存在をもつわけではない。「外を閉じ込めること、つまり、それを待機や例外といった内部として構成すること」。こうフーコーは、ブランショについて語っている[9]。

あるいはむしろ、つねにフーコーにつきまとった主題は、分身（double）の主題である。しかし、分身は決して内部の投影ではなく、逆に外の内部化である。それは、〈一つ〉を二重にすることではなく、〈他のもの〉を重複することなのだ。〈同一のもの〉を再生産することではなく、〈異なるもの〉の反復なのだ。それは〈私〉の流出ではなく、たえざる他者、あるいは〈非我〉を内在性にすることなのだ。重複において分身になるのは、決して他者ではない。私が、私を他者の分身として生きるのである。私は、外部で私と出会うのではなく、私のなかに他者を見出すのだ（「どのようにして〈他のもの〉、〈遠いもの〉が、同時に最も〈近いもの〉であり〈同一のもの〉

でもあるか、示さなくてはならない」)[10]。それはまさに、発生学における組織の陥入や、裁縫の場合の裏地の仕事に似ている。ねじり、折り返し、固定する……。『知の考古学』は、その最もパラドクサルなページにおいて、どんなふうに一つの文が他の文を反復するか、そしてとりわけ、一つの言表がどんなふうに、言表とかろうじて区別される「別のもの」を反復し二重化するか説明したのだ(キーの上の文字の出現、AZERT)。そしてまた、権力に関するいくつかの本では、地層化された形態が、これとは容易に区別しがたい力の関係をどのようにして反復するか、歴史はどのようにして一つの生成の裏地であるのか、を示している。フーコーにとって恒常的なこの主題は、まさに『レーモン・ルーセル』に精彩を与えながら、既に十全な分析の対象となっていたものだ。なぜなら、レーモン・ルーセルの発見していたものは、いわば外の

(7)『臨床医学の誕生』一三一〜一三三〔一八三〜一八四〕、一三八〔一九三〕、一六四〔二二二〕。
(8)『狂気の歴史』一二二〔一二八〕。
(9)ブランショ『無限の対話』二九二。
(10)『言葉と物』三五〇〔三六一〕(そして、カントによる「経験的‐超越論的二重項」、「経験的‐批判的二重化」としての人間について)。

文であり、第二の文におけるその反復、二つの間のわずかな差異（鉤裂き）であり、一方から他方へのねじれ、裏地、あるいは二重化だったのだから。鉤裂きは、もはや、布におこる偶発事ではなく、外側の布がねじれ、陥入し、二重化するときの新しい規則となるのである。「随意」の規則、または偶然の放出、賽の一擲。フーコーによれば、これらを「もたらす」のは、反復、差異、裏地の作用なのである。フーコーが、認識論や言語学、あらゆる生真面目な学問によって証明されることを、文学やユーモアでもって示すのは、このときだけではない。『レーモン・ルーセル』は、裏地（代役）という単語のあらゆる意味を溶接し、縫いあわせて、内がいつでも、前提された外の褶曲であることを示している。(11) そして、ルーセルの最後の方法は、内側の括弧をたがいに増殖させ、文のなかの褶曲を増大させる。フーコーのこの本の重要さはここからやってくるのだ。そして、この本がたどる路筋そのものが二重である。それは、決して、優先性を逆転しうる、という意味ではない。内は、いつでも外の裏地なのである。しかし、無謀で、死を求めたルーセルのように、私たちは、裏地を解き、「熟慮された動作で」襞を遠ざけ、外とその「窒息するような空虚」を見出すことがある。また、レリスのように、もっと賢明に慎重に、しかし別種の勇気の頂点で襞を追求し、鉤裂きから鉤裂きへ裏地を強化していき、「絶対的記憶」を形成する褶曲に取り囲まれ、こうして外を、生きた蘇生しつつある要素にすることもある。[12]『狂気の歴史』は言っていた。外部の内部に追いやられ、またその逆に……。おそらく、フーコーは、彼がとても早くから抽出していた通り、二重性のこのような二つのあり方のあいだで

(11) これは『レーモン・ルーセル』の、恒常的な主題である（特に第二章。この章では、ルーセルのテキスト「つまはじき」Chiquenaude をめぐって、doublure〔裏地、代役〕のあらゆる意味が再検討されている。"les vers de la doublure dans la pièce de Forban talon rouge"〔「かかとの赤い盗賊」という戯曲に出てくる代役の詩、または、丈夫な赤いズボンにつけた裏地に巣くっている虫〕三七〜三八〔三四〜三五〕）。

(12) ルーセルとレリスについての文章をすべて引用しなければならない。なぜなら、私たちは、この文章はフーコーの全生涯に関わると信じるからである。「身分の定かでないかくも多くの事物、かくも多くの空想的な戸籍から、〔レリスは〕ゆっくりと彼みずからの自己同一性を収集するのだ、あたかも数々の語の襞のあいだには、決して完全に死んでしまってはいない幻影とともに、絶対的記憶が眠っているかのように。この同じ襞を、ルーセルは慎重な仕種でかきわけ、そこに息づまる空虚を、彼が絶対君主のごとき権力をもって裁量できるような厳密な存在欠如を見出し、血縁関係も種族の別もない形象を作りあげるのだ」（二一八〜二一九〔二二五〕）。

ゆれ続けたのだ。それはつまり、死と記憶の間の選択である。たぶん、彼はルーセルのように死を選んだ。しかし、だからといって、記憶の方向転換、あるいは褶曲を通過しなかったというわけではない。

おそらく、ギリシャ人にまで遡る必要さえあった……。こうして、最も情念的な問題が、これをより冷やかにし、あるいは鎮静するための条件を見出すのだ。もし、褶曲や二重化が、フーコーの全著作につきまとうとすれば、またそれらが後でしか場所を見出さないとすれば、それは彼が、力や権力の関係からも、知の地層化された形態からも区別されなければならない新しい次元、つまり「絶対的記憶」を呼び寄せるからである。ギリシャ的な形成は、古い帝国的な形成とは全く異なった、権力の新しい関係を出現させる。そしてそれは、ギリシャの光のなかに可視性の体制として実現され、ギリシャ的ロゴスのなかに言表の体制として現実化される。だから私たちは、特徴づけられた知を通じて広がる権力のダイアグラムについて語ることができる。「自分自身の指導を確実にすること、自分の家の経営を行なうこと、都市の統治に参加することは、同じタイプの三つの実践である」、そしてクセノフォンは、「この三つの技術の間の連続性と同形性、また同様に、個人の実存において、これらの技術が時間的に連続して実現されることをよく説明している」[13]。しかし、ギリシャ人の最も偉大な新しさが現われるのはこの点ではない。ギリシャ人の新しさは、後に、ある二重の「離脱」にむけて現われる。それは、「自分自身を治めることを可能にする訓練」が、力関係としての権力からも、地層化された形態や徳の「コード」としての知からも離脱するときに現われるのである。一方に、他人との関係から派生してくる「自己との関係」があり、他方に、同じように知の規則としての道徳律から派生してくる「自己の成立」がある。[14] この派生物やこの離脱は、自己との関係が独立性を獲得するということだ、と解さなくてはならない。それはあたかも外の関係が裏地を作り、自己との関係を生じさせ、一つの内を構成しようとして、自らを折り畳み、折り曲げるかのようだ。内は固有の次元にしたがって、陥没し、また展開するのだ。つまり「エンクラテイア」〔克己〕、克服としての自己との関係は、「人が他人に対して行使する権力において、自分自身にむけて行使する一つの権力である」（もし、人が自身を統治しないとすれば、どうして他人たちを統治することを望めるだろう）。こうして自己との関係は、政治、家族、雄弁、遊戯、とりわけ徳などを構成する権力に対して「内的制

(13)『快楽の活用』八八〔九三〕。
(14)『快楽の活用』九〇〔九五〕。古典主義時代以降の「離脱」の二つの側面。

御の原理」になるのだ。[15] それは、ギリシャ的な鉤裂きと裏地のタイプである。つまり、このような離脱が褶曲や省察を実現するのだ。

少なくとも、これがフーコーの理解したギリシャ人の新しさである。そしてこの理解は、その精密性のなかにも、見かけの謙虚さのなかにも、大変な重要性をはらんでいると思われる。ギリシャ人のなしとげたことは、世界歴史的な身振りのうちに〈存在〉を明らかにしたことではなく〈開かれたもの〉を広げたことでもない。彼らのしたことは、はるかにそれ以下であり、またははるかにそれ以上である、とフーコーはいうだろう。[16] 彼らは、現実的な実践において外を折り畳むのである。ギリシャ人とは最初の裏地なのである。外に属するものとは力である。なぜなら、力は本質的に他の力との関係であるからだ。力はそれ自体、他の力に影響し（自発性）、他の力に影響される（受容性）という能力と不可分である。しかしそのとき力から派生するものは、力の自分自身に対する関係、自分自身に影響する能力、自身による自身の情動である。ギリシャ的ダイアグラムによれば、ただ自由人だけが、他人を支配することができる（「自由な能動的存在」、彼らのあいだの「闘争的関係」、こういったものがダイアグラムの特性である）。[17] しかし彼らが彼ら自身を支配しないとすれば、どうして彼らは他人を支配できるだろうか。他人を支配することは、自己を支配することによって、二重化されなければならない。他人との関係は、自己との関係によって二重化されなければならない。権力の強制的な規則は、権力を行使する自由人の随意な規則によって二重化されなければならない。いたるところでダイアグラムを実現する道徳律から（都市においては家族、法廷、遊戯など）、一つの「主体」が取り出されなければなら

(15)『快楽の活用』九三〜九四〔九八〜九九〕。
(16) ここから、ハイデッガーに距離を置くフーコーのある種の姿勢が現われる。（いいえ、ギリシャ人は「素晴らしい」とはいえません……、『レ・ヌヴェル』におけるフーコーの対談 Entretien avec Barbedette et Scala, in *Les nouvelles*, 28 juin 1984〔「道徳の回帰」『ミシェル・フーコー思考集成X』筑摩書房〕）。
(17) ギリシャ人に特有の力のダイアグラムあるいは権力関係は、フーコーによって直接的に分析されてはいない。それは、彼が、ドゥティエンヌ、ヴェルナン、ヴィダル・ナケのような現代の歴史家たちが、それを行なったと評価しているからである。彼らの独創性とはまさに、新しいタイプの権力関係との関連で、ギリシャの物理的、精神的空間を定義したことである。この観点から、フーコーがたえず語っている「闘争的」関係が独創的機能（それは特に、性愛的行動において現われる）であることを示すことは重要である。

ず、この「主体」はその内的部分においてコードから離脱し、もはやコードに依存しない。ギリシャ人がしたのはこのようなことである。彼らは力を、力として保存しながら、折り畳んだのだ。彼らは力を自己にひきもどす。彼らは、内面性や個人性や主体性について無知であったのではなく、一つの派生物として、ある「主体化」の産物として主体を発明したのだ。彼らは「美的実存」を発見した。つまり、裏地、自己との関係、自由人の随意な規則を発見したのだ[18]（もし、新しい次元としてのこのような派生物を見ないなら、ギリシャ人にとっては主体性は存在しない、といえるだろう。とりわけ、主体性を強制的な規則の側に位置づける場合には……[19]）。権力と知から派生するが、それらに依存することはない主体性の次元という思想こそ、フーコーの根本思想なのである。

見方をかえれば、『快楽の活用』は、いくつかの点で、以前の本からの一種の離脱を表わしている本である。一方でそれは、ギリシャ人とともに始まり、キリスト教を経て私たちの時代にまで続く長大な持続を拠点としている。以前の本は十七世紀から十九世紀にわたる短い持続を考察していたのだった。他方でこの本は、以前の本の対象であった権力関係と知の関係には還元できない新しい次元として、自己との関係を発見する。だから、全体の再編成が必要となるのだ。権力と知という二重の観点から性を研究した『知への意志』とは結局断絶がある。今では、自己との関係は、確かに発見されているが、しかしそれと性との関係は、あいまいなままにとどまっている。[20]だから、全体の再編成への第一歩がそこに存在している。なぜ自己との関係は、『性の歴史』の計画を変更するほどにも、性と特定の関連をもつのだろうか。答えは、非

(18) 規範に還元することのできないものとしての、主体の構成、あるいは主体化については『快楽の活用』三三～三七〔三五～四〇〕。美的実存の地平については、一〇三～一〇五〔一〇九～一一一〕。「随意の規則」はフーコーの言葉ではなく、ラボフのものであるが、定数ではなく内的変化の機能を指示するものとして、言表のステータスに完全に適合するのである。こんどは、この語は、規範とは区別される規則的機能を指示するものとして、より一般的な意味をもつようになる。

(19) 『快楽の活用』七三〔七七〕。

(20) フーコーは、性について一冊の本を書くことから始めたと言う（『知への意志』の延長線上にある続編）。「それから私は、自己の概念と、自己の技術についての本を書いた。そこでは、性は消えてしまった。そして、三度目に私は、もう一度、二つのあいだに均衡を保つことを試みるような本を書かなければならなかった」。ドレイファス／ラビノウ、三二三〔三〇九〕。

常に厳密なものだ。権力関係は、実現されることによってはじめて確かめられるのだが、これと同様に、権力関係を折り曲げる自己との関係も、やはり実現されることによってはじめて確立される。そして、自己との関係は、まさに性において確立され、実現されるのだ。おそらくそれは、即座に、というわけではない。なぜなら、内の確立、内部性の確立は、まず性的であるよりもむしろ栄養的である[21]。しかし、ここでさらに、性が徐々に栄養から「離脱し」、自己との関係の実現の場となるのはなぜなのだろう。つまり、ギリシャ人の生きた性は、雌によって力の受容的要素を、雄によって能動的あるいは自発的要素を体現している[22]。したがって、自由人の場合の、自己決定としての自己との関係は、三つの仕方で、性に関わることになる。快楽の「養生法」という単純な形態のもとで、自分の身体を積極的に統御するのに都合がいいように、自分自身を統御すること。家の「経済」の組織された形態のもとで、妻を管理するのに都合がいいように、また妻自身が適切な受容性にいたるように、自分自身を統御すること。少年たちの「性愛」の二重化された形態のもとで、少年もまた自分を統御し、能動的であり、他人たちの権力に抵抗することを学べるように、自分自身を統御すること[23]。ギリシャ人は、単に自己との関係を創出したばかりでなく、この関係を性において結合し、組織し、二重化したのである。要するに、ギリシャ人において、自己との関係と性とのあいだに、一つの出会いがみごとに確立されたのだ。

再配置、再組織は、少なくとも長期にわたっては、自動的に行なわれた。なぜなら、自己との関係は、あらゆる「制度的、また社会的システム」から独立し、留保され内向した自由人の地帯にとどまるものではないからである。自己との関係は、権力関係のなかに、また知の関係のなかにとりこまれるだろう。それは、最初にそれを派生させたこれらのシステムのなかに再統合されてしまうだろう。内的個人は「道徳的」な知において、コード化され、再コード化される。そして、それはとりわけ権力の目標となり、ダイアグラム化される。だから襞は、あたかも広げられてしまったかのようで、自由人の主体化は隷属に変えられてしまう。それは一方では「管理と依存によって他者に屈服すること」であり、権力が、日常生活や内面性をめざしてうちたてる個体化や変調のあらゆる過程をともなうのである。この内面性は、権力が自分の臣下（主体）と呼ぶことになるものたちの内面性なのだ。また他方では、これは「（各人

(21)『快楽の活用』六一～六二〔六五～六六〕。
(22)『快楽の活用』五五～五七〔五九～六一〕。
(23)『快楽の活用』第二、三、四章（「若者の二律背反」について、二四三〔二七八〕）。

が）自己意識、自己認識によって、自分自身の同一性に結ばれていること」であり、道徳の科学や人間の科学のあらゆる技術をともなうのである。こういった科学は主体の知を形成することになる。[24] 同時に性は、権力の様々な焦点のまわりに組織され、「性の科学」（scientia sexualis）を存在させ、「権力－知」の、ある審級つまり〈性〉のなかに組み込まれるのだ（フーコーはここで『知への意志』の分析を再び取り上げる）。

こういうわけで、ギリシャ人によって穿たれた新しい次元は消滅して、知と権力の二つの軸に落着してしまう、と結論しなければならないだろうか。自由な個人性としての自己との関係を再発見するには、どんな意味でギリシャ人への回帰が必要になってくるのだろうか。明らかに問題はここにはない。コードや権力に抵抗する自己との関係は、いつでも存在するだろう。私たちが前に語ったあの抵抗点の一つの起源は、確かに自己との関係なのだ。例えば、キリスト教道徳を、それが行なう体系化の努力や、それが持ち出す牧人的権力に還元してしまうのは誤りであろう。宗教改革以前にたえず発達していた主体化の「精神的かつ禁欲的運動」（そこには、集団的な主体化が存在する）を考慮にいれなければならないのだ。[25] こういった運動が体系化や権力に対立する、というだけではとても十分とはいえない。これらの間には、闘争するためであれ、結合するためであれ、たえまない交通が存在するのだ。だから、主張すべきことは、主体化、自己との関係はたえず生成され、しかも変身しつつ、様式を変えつつあることである。そのため、ギリシャ的様式は、はるか遠くの思い出になってしまうほどである。自己との関係は、権力関係によって、知の関係によって収拾されるが、別のところで、異なる仕方で、復活し続けるのである。

　自己との関係のもっとも一般的な定式は、自己の自己による情動あるいは折り畳まれた情動である。主体化は、褶曲によって行なわれる。ただし、四つの褶曲、四つの

---

(24) ドレイファス／ラビノウ、三〇二〜三〇四〔二九一〜二九二〕。私たちはここに、フーコーの様々な示唆を要約する。(a)道徳は二つの極、規範と主体化の様式をもつ。しかし二つは逆比例する。そして一方は、他方が減少しなければ、強化されない（『快楽の活用』三五〜三七〔三七〜三九〕）。(b)主体化は規範のなかに回帰する傾向があり、規範に有利なように空無化したり、固定化したりする（これは『自己への配慮』の主題である）。(c)新しいタイプの権力が現われ、個人化し、内部に侵入する役割を果たす。それはまず教会の牧人的権力であり、次に国家権力におけるその継続である（ドレイファス／ラビノウ、三〇五〜三〇六〔二九三〕、フーコーのこのテキストは『監獄の誕生』の、「個人化し変調する権力」についての分析と合体するものである）。

(25) 『快楽の活用』三七〔三九〕。

主体化の襞が、まるで地獄をうねる川のように存在する。第一の襞は、私たち自身の物質的な部分に関するものであって、これが襞のなかに囲いこまれ、とらえられるのだ。ギリシャ人において、それは身体であり、その快楽「アフロディジア」(愛欲の営み)である。しかし、キリスト教徒においては、それは肉とその欲望であり、欲望はまったく別な実体のあり方となる。第二は、厳密な意味での力関係の襞である。なぜなら、力関係が折り曲げられて自己との関係になるためには、いつも特異な規則にしたがわなければならないからである。結果をもたらす規則が、自然か、神的なものか、合理的か、美的か……によって、確かにそれは同じことではない。第三は、知の襞あるいは真理の襞である。これは、真なるものと私たちの存在との関係、私たちの存在と真理との関係を構成するからである。このような関係は、あらゆる知、あらゆる認識の形式的条件となるのである。知の主体化は、ギリシャ人とキリスト教徒で、プラトン、デカルト、カントで、全く同じように実現されるわけではない。第四は、外の襞そのもの、最終的な襞である。ブランショが「待機する内部性」と呼んだものは、この襞によって構成される。主体は、この襞に対して様々な仕方で、不死性や、永遠や、救済や、自由や、死や、解脱……などを待望するのである。四つの襞は、自己との関係としての主体性あるいは内部性にとって、目的因、形相因、動力因、質料因のようなものである。(26) これらの襞は著しく変化しやすく、しかも様々なリズムで変化するのであって、その変化は、主体化の還元不可能な様式を構成するのだ。これらの襞は、「コードや規則の下」、知と権力の下で作用する。たとえ、襞は広がりながら、知と権力に新たに結びつくことになっても、そのときはまた別の折り目が生ずるのである。

そして自己との関係はどんな場合も、主体化の様式に対応したあり方にしたがって性と遭遇するよう決定される。つまり、力の自発性と受容性は、もはやギリシャ人の場合のように、能動的な役割と受動的な役割によって配置されることはなくなり、キ

(26) 私たちは、フーコーが『快楽の活用』三三一〜三九〔三四〜四二〕で区別した四つの側面を体系化しているのだ（またドレイファス／ラビノウ、三三三〜三三四〔三二一〜三二四〕）。フーコーは、「隷属」assujetissement という単語を、主体の構成の第二の側面を示すのに用いている。しかし、そのときこの単語は、構成された主体が、権力関係に従うとき、それがもつのとは別の意味をもつのである。第三の側面は特に重要であって、『言葉と物』に再会することを許す。実際、『言葉と物』は、生、労働、言語が、より深い主体性を構成しようとして自分を折り畳む以前に、知の対象であったことを示している。

リスト教徒の場合、両性的な構造と関わって全く異なったものとなる。一般的な対決という観点から考えると、ギリシャ人の身体と快楽と、キリスト教徒の肉と欲望との間には、どんな変化があるだろうか。プラトンは、第一の襞にしたがって、身体と快楽の上にだけとどまっているが、第三の襞にしたがってすでに〈欲望〉にまで上昇し、愛する者の上に真理を折り畳み、「欲望する主体」（そしてそれはもう快楽の主体ではない）に行き着く新しい主体化のプロセスを抽出している、と言うことは可能だろうか。[27] そして最後に、私たち自身の現在の様式について、現代的な自己と私たちの関係については、何をいうことができるだろうか。私たちの四つの襞とは、どのようなものだろうか。もし、権力が実際にますます実際に私たちの日常生活、内面性、個人性を包囲しており、権力が個人化するものとなり、知それ自身が実際にますます、欲望する主体の解釈学とコード化を形成しながら、個人化されているとすれば、一体私たちの主体性には何が残されているだろうか。主体には、何も「残って」はいない。主体はそのつど、知を主体化し、権力を折り曲げる襞の方向づけにしたがって、抵抗の焦点として作られるべきものだからである。現代的な主体性は、あまりにも〈法〉に拘束された欲望に対して、身体とその快楽を再発見しているのだろうか。それにしても、これはギリシャ人への回帰というわけではない。決して回帰など存在しないからである。[28] 現代的な主体性のための闘争は、現代的な二つの隷属の形態に対する抵抗を経由するのである。隷属の一つは権力の要求にしたがって、私たちを個人化することであり、もう一つは、知悉され、認識され、余すところなく規定された一つの同一性におのおのの個人を結びつけることである。だから、主体性のための闘争は、差異の権利、変化、変身の権利として現われる[29]（私たちはここで問題を多様化している。未完の草稿『肉の告白』に、またその彼方にある、フーコーの探究の最終的な方向に触

(27)『快楽の活用』、プラトンについての第五章。
(28)『知への意志』は、身体とその快楽、つまり「性なき性的欲望」が、欲望を法に結合する「性」の審級に「抵抗する」近代的な方式であったことをすでに示している（二〇八〔一九八〕）。しかし、これはギリシャへの回帰であるといっても、それは実に部分的であいまいなものにすぎない。なぜなら、身体とその快楽は、ギリシャ人にあっては、自由人のあいだの闘争的な関係に、それゆえ女性を排し単性化された「男性社会」に関わるのである。ところが、私たちは明らかに、私たちの社会的領野に固有の別のタイプの関係を追求しているのだ。ドレイファス／ラビノウ、三二一〜三三一〔三一三〜三二〇〕の、擬似的回帰の概念に関するフーコーのテキストを参照。
(29) ドレイファス／ラビノウ、三〇二〜三〇三〔二九〇〜二九一〕。

れることになるからである)。

『快楽の活用』において、フーコーは主体を発見するのではない。実際、彼はすでに主体を派生物として、言表から派生した機能として定義していたのだ。しかしこんどは主体を外の派生物として、襞という条件のもとで定義しながら、彼は、還元不可能な次元とともに、十全な広がりを主体に与える。だから私たちは、もっとも普遍的な問題に対する解答のいくつかの要素をもっている。この新しい次元、知でも、権力でもないこのような自己との関係はどう呼ぶべきだろうか。自己の自己による情動は、快楽にほかならないだろう。あるいはむしろ欲望なのだろうか。あるいはまた、「快楽あるいは欲望の行為」としての「個人的な行為」だろうか。この第三の次元が、どれほど長い時期にわたっているかに注目しなければ、的確な言葉を見出すことはできないだろう。外の褶曲の出現は、西洋的な形成に固有のものと思われるかもしれない。東洋はこのような現象を示すことなく、外の線は、そこでは耐えがたい真空を通じて、漂い続けているのかもしれない。それなら苦行は、消滅の文化であり、主体性という特定の生産などすることなしに、空虚の中で呼吸しようという努力であるかもしれない。(30) 力の折り曲げのための条件は、自由人の闘争的な関係とともに、つまりギリシャ人とともに現われるように思われる。まさにこのとき、力は、他の力と関係しながら、自身のうえに自身を折り畳むのだ。しかし、もし主体化のプロセスがギリシャ人から始まるとしたら、このプロセスは、私たちの時代にいたるさらに長い持続を占めることになる。フーコーは、権力のダイアグラムを突然変異の場所と考え、そして知の古文書の方は短い持続で考えていたから、このような年代秩序は、なおさら注目すべきものになる。(31) なぜ『快楽の活用』で、このような長い持続が突然導入されるのか、私たちが問題にするとすれば、その最も単純な理由は、たぶん次のようなものである。私たちはたちまちのうちに、もう行使されない古い権力や、もう役に立たない古い知を忘れてしまった。しかし道徳に関しては、もう信じてさえいないはずの古い信念を

(30) フーコーは決して、自分が東洋的な形成について語るのに十分適任だと考えたことはなかった。彼は、中国人の「性愛術」に手短に言及している。われわれの「性の科学」(『知への意志』)とも、ギリシャ人の美学的実存(『快楽の活用』)とも区別されるものとして。問題は、東洋的技術には〈自己〉あるいは主体化の過程が存在するのだろうか、ということだ。

(31) 系列に関する、歴史の長短の持続の問題については、ブローデル『歴史について』Braudel, *Ecrits sur l'histoire*, Flammarion を参照『知の考古学』一五〜一六〔一六〜一七〕でフーコーは、認識論的持続は、必然的に短いことを示していた。

いっぱい背負いこんだまま、私たちの問題にはふさわしくない古い様式にしたがって、相変わらず主体として、自分自身を生み出している。だから映画監督アントニオーニはこういったのだ。私たちはエロスを病んでいる……。主体化の様式があたかも長々と続くかのように、すべては展開する。そして私たちは、ギリシャ人を演じ、キリスト教徒を演じ続け、私たちの回顧趣味はたえない……。

しかし、もっと深い肯定的な理由が存在する。というのは、褶曲それ自体、つまり二重化は、一つの〈記憶〉なのである。地層や、古文書に登録される短い記憶の彼方、まだダイアグラムにとらわれている生存の彼方にある「絶対的記憶」あるいは外の記憶。すでにギリシャ人の美学的実存は、本質的に未来の記憶を要請するものであり、主体化のプロセスはたちまちにして、真の記憶、「覚え書」(hypomnemata) を構成するエクリチュールをともなったのである。(32) 〈記憶〉こそは、自己との関係、あるいは自己の自己による情動の、ほんとうの名前である。カントによれば、時間は、そのもとで精神が自己に影響するような形態であった。ちょうど、空間が、そのもとで精神が他のものに影響されるような形態であったように。時間とはそれゆえ、主体性の本質的な構造を構成する「自己情動」であった。(33) しかし、主体あるいは主体化としての時間は、記憶と名づけられる。後でやってきて忘却にさからう、あの短い記憶ではなく、現在を二つにし、外を二重化し、忘却と一体になっている「絶対的記憶」である。この記憶はそれ自体たえず忘れられて再形成されるからである。その襞はまさに、広げられた襞と一体である。なぜなら、広げられた襞は、襞のなかに折り畳まれていたものとして現前し続けるからである。ただ忘却（広げられた襞）だけが、記憶のなかに（襞そのもののなかに）折り畳まれていたものを再び見出すのである。フーコーが最終的に再発見したハイデッガーがここにいる。記憶に対立するものは忘却ではなく、私たちを外にむけて解体し、死を構成する〈忘却の忘却〉である。逆に、外が折り畳まれるかぎり、内は外と共通の広がりをもつ。ちょうど、記憶が忘却と共通の広がりをもつように。こんなふうに共通の広がりをもつということが、生であり、長い持続である。時間は主体となる。なぜなら、時間は外の褶曲なのだから。そして、このようである。

(32)『自己への配慮』七五〜八四〔七九〜八九〕、そしてドレイファス／ラビノウ、三三九〜三四四〔三三六〜三三九〕（考慮される主体化の過程の性格にしたがって、この自己とその記憶の文学は、実に様々な機能をもつこと。）

(33) これは、カントの解釈における、ハイデッガーの根本的な主題の一つである。ハイデッガーを援用するフーコーの最後の言明については、『レ・ヌヴェル』*Les nouvelles*, 28 juin 1984〔「知識人と権力」〕を参照。

うなものとして、時間はあらゆる現在を忘却のなかに導き、にもかかわらず、あらゆる過去を記憶のなかに保存し、忘却を回帰の不可能性として、記憶を再開の必然性として保存するのだ。長いあいだフーコーは、外を時間よりももっと深い、終極的な空間性と考えていた。しかし、最後の著作は時間を外におき、襞という条件において、時間としての外を考える可能性を再び与えているのである。(34)

そして、この点で必然的に、フーコーはハイデッガーと対立することになる。「襞」はフーコーの著作につきまとい続けたが、最後の探究でその正確な次元を発見するのだ。それはハイデッガーとどんな類似、どんな差異をもつのだろうか。フーコーが、「通俗的な」意味での現象学、つまり志向性と断絶したことを出発点としてはじめて、これは評価できることだ。意識が物に狙いを定め、世界内で自分を意味するようになること、それはフーコーが拒絶することである。実際、志向性はあらゆる心理主義とあらゆる自然主義を克服するためにうちたてられた。しかし、志向性は新たな心理主義と新たな自然主義を発明してしまい、メルロ＝ポンティ自らが言ったように、「学習」(learning) とほとんど区別できないようなものになる。それは、意識の総合と意味作用からなる心理主義、また「無垢の体験」と物、物を世界内に存在させること、などからなる自然主義を再構築するのだ。ここから、フーコーの二重の異議申し立てが発する。確かに、語や文にとどまっているかぎり、私たちは志向性を信じることができる。志向性によって、意識は物に狙いを定め、自分自身を〈有意味な意識として〉意味することができるというわけだ。物や物の状態に止まっているかぎり、私たちは無垢の体験を信じることができる。このような体験が、意識を通じて、物を〈存在させる〉というわけだ。しかし、現象学が唱える「判断中止」は、言表にむかって語と文を超え、可視性にむかって物と物の状態を超えていくことを、現象学自身にうながすべきだっただろう。ところで、言表は何も狙い定めはしない。なぜなら、それは何らかの物に関わることはないし、一つの主体を表現することもなく、ただ、ある言語に、ある言語－存在に関わるのであり、これが言表に、固有の自足した対象と主体を、内的な変数としてもたらすのだ。そして可視性は、すでに始源的な〈前述的な〉意識に対して開かれた無垢の世界に展開されるのではなく、ただ光に、光－存在に関わり、これが可視性に、独特の仕方で内在的であり、どんな志向的なまなざしか

（34）『言葉と物』三五一〔三六一～三六二〕がまだ示しているように、「外」と外部性の主題は、何よりもまず、時間に対して空間の優先性を強いるように思われた。

らも自由な、形態、均整、遠近法をもたらすのである。(35) 言語も、光も、それらをたがいに関係させる様々な傾向（指示作用、意味作用、言語の意味性、物理的環境、感覚的な、あるいは理解可能な世界）において考えるのではなく、それぞれを自足的で、他方から分離した、還元不可能な次元において考えなくてはならない。光の「そこにある」と言語の「そこにある」において考えなくてはならないのだ。どんな志向性も、二つのモナドのあいだの淵で、あるいは見ることと話すこととのあいだの「無関係」においては崩壊してしまう。これはフーコーにおける重要な転換である。つまり、現象学を認識論に転換したことだ。なぜなら、見ることと話すこととは、知ることであるが、私たちは話すことを見ないし、見ることについて話すのではない。そしてパイプを見ながら、私たちは（いくつかの仕方で）「これはパイプではない」と言い続けることだろう。あたかも志向性がそれ自身を否定し、それ自身崩壊してしまうかのように。すべては知である。そして、これが無垢の体験が存在しない理由である。つまり、知の以前、知の下には何もないのである。しかし、知は、還元不可能な仕方で二重であり、話すことと見ること、言語と光である。だからこそ志向性は存在しないのである。

けれどもすべてはここから始まるのである。なぜなら、現象学の方はそれ自身、たえず自分にしのびこむ心理主義や自然主義を斥けようとして、意識とその対象〈存在者〉との関係にほかならない志向性を乗り超えていたからである。そして、ハイデッガーにおいて、またメルロ＝ポンティにおいて、志向性の乗り超えは〈存在〉にむけて、〈存在〉の襞にむけて行なわれた。志向性から襞へ、存在者から存在へ、現象学から存在論へ。ハイデッガーの弟子たちは、どれほど存在論が襞と不可分であるか、私たちに教えてくれた。〈存在〉は、厳密には、存在が存在者とともに作り出す襞であり、ギリシャ人の最初の身振りにほかならない存在の展開は、襞の反対物ではなく、襞そのもの、〈開かれたもの〉の蝶番、露わにすることと覆うことの一意性にほかならないからである。しかし、存在のこの折り目、存在と存在者の襞が、たとえ志向性を基礎づけるためであれ、どのようにして志向性にとってかわることになるのかまだ自明ではなかった。根本的、「垂直的な」可視性が、いかに〈自分を見るもの〉のなかで折り畳まれ、それによって、見るものと見られるものとのあいだの水平的な関係が可能になるかを説明したのは、メルロ＝ポンティの功績である。どんな外部よりも遠くにある一つの〈外〉が、「ねじれ」、「折り畳まれ」、どんな内部よりも深い〈内〉

(35)『レーモン・ルーセル』一三六〜一四〇〔一四三〜一四八〕。

によって「二重化され」、この〈外〉だけが、内部と外部の派生的な関係を可能にする。身体そのものとその様々な対象を超えて、「肉」を定義するのも、まさにこのようなねじれなのである。要するに、存在者の志向性は、存在の襞にむかって、襞としての〈存在〉にむかって、乗り超えられていく（逆にサルトルは、あくまで志向性にとどまった。彼は、存在の襞に到達することなく、存在者のなかに「窪み」を作ることで満足したからである）。志向性はまだユークリッド空間で成立しているので、それ自身の理解は妨げられている。だから志向性は、別の「トポロジックな」空間にむかって乗り超えられなくてはならない。この「トポロジック」空間は、〈外〉と〈内〉、最も遠いものと最も深いものとを接触させるのだ。[36]

フーコーが、彼のたえまない関心であった襞と裏地という主題について、ハイデッガーとメルロ＝ポンティに、強い理論的刺激をこうむったことは疑えない。しかし、彼はまたレーモン・ルーセルに、その現実的な実践を見出したのである。ルーセルは、まなざしとその対象とは別の次元で、「自己を見るもの」[37]においてたえずねじられている、存在論的な〈可視性〉を確立するのである。同じように、私たちは、ハイデッガーとジャリを近づけることもできるだろう。確かに超形而上学（pataphysique）は、あからさまに現象の存在を根拠とする形而上学の乗り超えとして現われるからである。

しかし、このようにしてもしジャリやルーセルを、ハイデッガー哲学の現実化と考えるなら、襞は、まったく異なる風景に導かれ定着されて、異なる意味をおびることになる。

---

(36) 襞、もつれ、交錯、「見えるものの自己への回帰」については、メルロ＝ポンティ『見えるものと見えないもの』みすず書房 Merleau-Ponty, *Le visible et l'invisible*, Gallimard を参照。そして「研究ノート」は、トポロジーを構成する垂直的な次元にむけて志向性を乗り超えていく必要を強調している（二六三～二六四〔三〇二～三〇三〕）。このトポロジーは、メルロ＝ポンティの場合、逆転の場所として「肉」の発見をともなうのである（そして、ディディエ・フランク『ハイデッガーと空間の問題』Didier Franck, *Heidegger et le problème de l'espace*, Minuit）によれば、すでにハイデッガーの場合も同様であった）。それゆえ、フーコーが未発表の草稿で行なっていた『肉の告白』の分析は、性の歴史の観点から、肉体のキリスト教的起源を強調しながら、こんどは「襞」（肉化）の問題の全体に関わるものである、と考えることができる。

(37) 『レーモン・ルーセル』一三六〔一四三〕のテキストは、視線がペン軸にはめこまれたレンズを通過するとき、この側面を強調している。「存在にとって内的な祝祭……眼差の外にある可視性。レンズあるいは飾りぶちを通してそれに到達できるにしても、それは……眼差を括弧のなかに入れるためである……存在は過剰な静けさのなかに際立つ……」。

なるのではないだろうか。大切なことは、ハイデッガーから生真面目さを取り去ってしまうことではなく、ルーセルの（あるいはジャリの）動かしがたい生真面目さを再発見することである。存在論的な生真面目さは、悪魔的なまた現象学的なユーモアを必要とする。実際、私たちは、フーコーにおける裏地としての襞は、その存在論的な射程を保存しながら、全く新しい様相を呈するだろうと考える。まず、ハイデッガーあるいはメルロ＝ポンティによれば、存在の襞が志向性を乗り超えるのは、ひたすら志向性を別の次元に措定するためである。だからこそ、〈可視的なもの〉あるいは〈開かれたもの〉は、何かを見させるときには、また何かを話させるのである。襞は、言語の〈自己に話すもの〉を構成することなしには、視覚の〈自己を見るもの〉を構成することがないからである。そのため、言語において自己に話すのと、視覚において自己を見るのとは、まったく同じ世界なのである。ハイデッガーとメルロ＝ポンティにおいて〈光〉は、見ることだけでなく話すこともまた開く。あたかも、意味作用が可視的なものにたえずつきまとい、また可視的なものが意味をつぶやくかのようだ(38)。フーコーはこんなふうには考えない。彼にとって、光‐存在は可視性に関わるだけ、そして言語‐存在は言表に関わるだけである。つまり、襞が志向性を再確立することはありえないだろう。なぜなら志向性は、決して志向的なものではない知の二つの部分のあいだの分離において、消滅してしまうからだ。

もし知が二つの形態によって構成されているなら、どうして、主体から対象にむかう志向性が存在しえようか。二つの形態のおのおのが、その対象と主体をもっているというのに。[39] しかしながら、二つの形態のあいだに、一つの関係が確定され、一種の「無関係」から、それが出現しなくてはならない。知は存在であり、存在の第一の形象である。しかし存在は、二つの形態のあいだにある。これが、まさにハイデッガーが、「二つのあいだ」によって、メルロ＝ポンティが「もつれ合いあるいは交錯」に

(38) ハイデッガーによれば、〈明かるみ〉(Lichtung) は、光と可視的なものにとってだけでなく、声と音にとっても、〈開かれたもの〉である。メルロ＝ポンティ(『見えるものと見えないもの』二〇一～二〇二〔二一二～二一四〕)にとっても同様である。フーコーは、このような連鎖の全体を拒否する。

(39) 例えば、「意識」によって狙いを定められるような、狂気という一つの「対象」があるわけではない。狂気は、時代にしたがって、さらに時代の敷居によって、様々な仕方で見つめられ、様々な仕方でまた言表されるのである。私たちは、同じ狂人を見ているわけではなく、同じ病人を言表しているわけではない。『知の考古学』四五～四六〔五一～五三〕を参照。

よって、言おうとしていたことではないだろうか。実際は、これは同じことをさしているのではない。なぜなら、メルロ＝ポンティにとって、もつれ合いや、二つのあいだは、襞と一致するものである。しかし、フーコーにとってはそうではない。可視的なものと言表可能なものとのもつれ合い、交差が存在するのである。つまりこれは、志向性にとってかわるプラトン的な織物のモデルである。しかし、このもつれ合いは、二つの還元不可能な敵同士、知－存在の二つの形態のあいだの抱擁であり、闘争なのである。確かにそれは一つの志向性といえなくもないが、不可逆的で、二つの方向に多様化され、微細に、極小になっている。それは、まだ存在の襞ではなく、二つの形態のあいだのもつれ合いなのである。それはまだ、襞のトポロジーではなく、もつれ合いの戦略なのである。すべては、まるでフーコーが、ハイデッガーとメルロ＝ポンティに対して、あまりにも早く進みすぎたことを非難するかのように展開する。そして、フーコーが、ルーセルに発見し、別の仕方でブリッセに、また別の仕方でマグリットに発見したもの、さらにジャリにも発見できただろうと思えるもの、それは、視聴覚のあいだの闘い、二重の捕獲、可視的なものを征服する言葉のざわめき、言表可能なものを征服する物の怒りである。(40) フーコーにはいつも、様々な〈分身〉という、また裏地という夢幻的な主題が存在した。この主題は存在論の全体を変形するのである。

しかし、もし闘争者のもつれ合いが、それ自体無形的であるようなある要素から、形態間の還元不可能な分離において出現する純粋な力の関係から発生するのでなかったら、知－存在を構成するこの二重の捕獲は、二つの還元不可能な形態のあいだで実現されることもないだろう。闘争の源泉、あるいは闘争の可能性の条件がここにある。知の地層的な領域とは異なる権力の戦略的な領域がここにあるのだ。認識論から戦略へ。これが無垢な体験など存在しないもう一つの理由なのである。戦いは戦略をともない、どんな経験も権力関係のなかにとらえられるからである。これが存在の第二の形、「権力的存在」（Possest）、つまり〈知－存在〉とは異なる〈権力－存在〉である。形成された知の二つの形態の「あいだ」に、様々な関係を確立するのは、力関係、または無形の権力関係である。〈知－存在〉の二つの形態は、外部性の形態である。言

(40) フーコーはブリッセにおいて、戦いが大いに展開されているのを見るのである。「彼は、言葉を生まれさせた騒音に言葉を復帰させ、言葉が今ではその無言の紋章になってしまった動作、襲撃、暴力などを再び舞台に上らせようとする」（『論理文法』一五章）。

表は一つの外部性のなかに、可視性はもう一つの外部性のなかに分散されるからである。しかし〈権力－存在〉は、私たちを別の要素に導いていく。形成しがたい、そして形成されていない一つの〈外〉に導くのだ。そこから、力とその変化する組み合せが生じてくる。そして、この存在の第二の形も、やはりまだ襞ではないのである。これは一つの浮遊する線であり、輪郭を作らず、これだけが、二つの戦う形態を交通させることができる。フーコーのなかには、いつもハイデッガーよりさらに深いヘラクレイトス主義があった。なぜなら、結局、現象学はあまりにも和解的で、あまりにも多くのものを賛美したからだ。

　フーコーは、こうして外からやってくる基本要素、力を発見するのである。ブランショのようにフーコーは、〈開かれたもの〉よりも、むしろ〈外〉について語ることになる。つまり、力は力に関わるのだが、それは外から関わるのだ。だから、形態の外部性、つまりそれぞれの形態にとっての外部性と、形態の相互的関係にとっての外部性を「説明する」〔襞を開く〕ものは、外なのである。ハイデッガーはたえず彼を熱中させたが、彼はニーチェを通じてしか、ニーチェとともにしかハイデッガーを理解できなかった（決して逆ではない）というフーコーの言明の重要性が、ここからやってくる。[41] ハイデッガーは、ニーチェの可能性であって、その逆ではない。そして、ニーチェは彼自身の可能性を待ちはしなかった。限界としてのこの外、存在がそこから折り畳まれる終極的な地平であるこの外を発見するために、ニーチェ的な意味での力を、「力への意志」という特別の意味での権力を、見出さなければならなかった。ハイデッガーは急ぎすぎたのだ。彼はあまりに性急に折り畳みすぎた。それは望ましいことではなかった。彼の技術的で政治的である存在論の深いあいまいさ、知の技術と権力の政治とはこの点に根ざしている。存在の襞は、第三の形象のレベルではじめて実現される。外がそれ自体、それと共通の広がりをもつ内を構成することになるように、自己の自己に対する影響、自己の自己による情動という仕方で、力が折り畳まれることは可能だろうか。ギリシャ人がしたこと、それは奇跡ではない。[42] ハイデッガーには、ルナン的な側面、ギリシャの光、ギリシャの奇跡の思想がある。フーコーは言う。ギリシャ人たちは、はるかに少ないことしかしなかったし、もっと多くのことをした。それは考え方次第であると。彼らは力を折り畳み、また折り畳まれるようなをした。

(41)「私の哲学的生成のすべては、ハイデッガーを読むことによって決定されました。しかし、私はニーチェはそれ以上のものだったことを認めます……。」(*Les nouvelles*, 40〔「道徳の回帰」二〇八〕)

ものとして力を発見した。そして、それはもっぱら戦略によるのだ。なぜなら、彼らは、自由人たちの競合を経由するような力の関係を考え出したからだ（自分を統治できるかぎりで、他者を統治すること……）。しかし、力のあいだの力として人間が、自分を組成する力を折り畳むことができるのは、外が自分自身を折り畳み、ある〈それ自身〉を人間のなかに穿つときだけである。すでに、形態がもつれ合い、戦いがすでに始まっているとき、第三の形象としてやってくるのは、まさにこの存在の襞である。そのとき、存在は、もはや「知的存在」（Sciest）でも「権力的存在」（Possest）でもなく「自己的存在」（Se-est）である。外の襞が一つの〈自己〉を構成し、そして外そのものが、共通の広がりをもつ内を構成するからである。存在論的な襞に到達するためには、地層的戦略的なもつれ合いを通過しなければならなかった。

これらは三つの還元不可能な次元であり、知、権力、自己は、つねに絡み合っている。これらは三つの「存在論」なのだ。なぜフーコーは、それらが歴史的であるとつけ加えるのだろうか。[43] それらが普遍的な条件を指定しはしないからである。知－存在は、ある時点で、可視的なものと言表可能なものがとる二つの形態によって決定され、光と言語とは、それらが何らかの地層の上に獲得する「特異な、限られた実在」と不可分である。権力－存在は、それ自体、時代によって変化する特異性を経由する力関係のなかで決定される。そして、自己、自己‐存在は、主体化のプロセスによって、つまり、襞ができる場所によって決定されるのである（ギリシャ人は何ら普遍的なものをもたない）。要するに、条件は、決して条件づけられるもの以上に普遍的であることなどなく、それ自身の歴史的特異性によって、価値をもつのである。だから、条件は「必然的」ではなく問題的である。条件であるかぎり、条件は歴史的に変化するのではなく、歴史とともに変化するのである。実際に条件が示すのは、何らかの歴史的形成において、問題が提起される仕方なのである。私は何を知ることができるか、何らかの光と言語の条件のもとで、私は何を見、かつ言表することができるか。何をすることができるか、どんな権力を要請し、どんな抵抗をそれに対抗させるか。私は何でありうるか、どんな襞に取り囲まれているか、あるいはどのようにして、私を主

(42) ルナンにおいて興味深いことは、「アクロポリスへの祈り」Renan, *Prière sur l'Acropole* が「ギリシャの奇跡」を、記憶との本質的関係において示す仕方、また記憶を、倦怠の（迂回する）時間的構造において、同じように根本的な忘却との関係において示す仕方である。ゼウス自身が、知恵を生み出すことによって、折り目として定義される。「自らの上に自らを折り畳んでから、深く息をしてから」。

(43) ドレイファス／ラビノウ、三三二〔三二〇〕。

体として生み出すか。これら三つの問題に対して、「私」はある普遍的なものを指示しているのではなく、ある〈誰かが話す－誰かが見る〉、〈誰かが衝突する〉、〈誰かが生きる〉のなかで占められる、特異な位置の一集合を指示するのだ[44]。どんな解決も、ある時代から別の時代へ流用することはできないが、問題の磁場の侵蝕、浸透はありうる。そのため、古い問題の「所与」が、別の問題のなかで活性化されることがある（たぶん、フーコーのなかにはまだ一人のギリシャ人がいて、快楽の「問題化」に対するある種の信頼があるのだ……）。

結局、過去から現在への唯一の連続性、あるいは逆に、現在が過去を説明する仕方を構成するのは実践である。フーコーの対話がまったく彼の著作の一部をなしているのは、それが、彼の一つ一つの本の歴史的問題化を、狂気、刑罰あるいは性といった現在的な問題の構築にむけて拡張しているからである。どんな闘争が、中心化され媒介された闘争ではなく、むしろ横断的で直接的な新しいタイプの闘争だろうか。どんなものが、普遍的ではなく、むしろ特定の、あるいは「特異な」「知識人」の新しい役割なのだろうか。どんなものが、同一的ではなく、むしろ同一性をともなわない、新しい主体化の様式なのだろうか。これらは、私には何ができるか、私は何を知っているか、私は何であるか、という問題の三重の根源である。一九六八年にいたる出来事は、これら三つの問いの「反復」のようなものであった。(45) 今日では何が私たちの光であり、言語であるか。つまり、何が私たちの「真理」でありうるか。どんな権力と対決しなければならないか。そして、古い闘争にはもはや価値がない、というだけにとどまることができない現在、私たちの抵抗の能力とはいったいどんなものか。そして、たぶん私たちは、とりわけ「新しい主体性の生産」に直面し、参加しているのではないだろうか。資本主義の様々な変動は、抵抗の焦点としての新しい「自己」のゆるやかな出現のうちに、ある予期しない「対決」を見出しているのではないだろうか。社会的な変動が起きるたびに、あいまいさや潜在性さえともなう主体的再転換の運動が存在するのではないか。これらの問いは、純粋に理論上の問いとしても、人間の普遍的権利について語ることよりもはるかに重要と考えられるものだ。フーコーにおいては、すべてが、変数と変化に導かれる。知の変数(例えば、言表の内在的変数とし

(44) 明らかに三つのカント的問題と対照しうる三つのフーコーの「問題」について、『快楽の活用』一二~一九〔一二~二二〕を参照。(またドレイファス/ラビノウ、三〇七〔二九五~二九六〕。フーコーはここで、カントが単に普遍的な主体の問題を提起しただけでなく、「この歴史の一定の瞬間に、私たちは一体誰なのか」という問題を提起したことを讃えている)。

ての対象と主体）と、形態の関係の変化、権力の変化する特異性と、力関係の変化、変化する主体性と、襞または主体化の変化などに導かれるのだ。

しかし、様々な条件が、条件づけられるもの以上に普遍的なものでも、定常的なものでもないとしても、やはりフーコーが関心を抱くのは条件についてなのである。だから彼はいう。歴史的な探究をするのであって、歴史家の仕事をするのではないと。彼は心性の歴史を探究するのではなく、心的実在をもつあらゆるものを出現させる条件、つまり言表と言語の体制の歴史を探究する。彼は行動の歴史を探究するのではなく、可視的な実在をもつあらゆるものを光の体制のもとに出現させる条件の歴史を探究する。彼は制度の歴史を探究するのではなく、社会的領野の地平線で、制度が力の

---

(45) ある種の分析を読むと、一九六八年は、パリの知識人の頭のなかで起こったことにすぎない、と思われるかもしれない。それゆえ、これが世界中の出来事の長い一継起から、一連の国際的な思想の動向から生み出されたものだということを確認しておく必要がある。このような思想の動向は、すでに、新しい闘争形態の登場を、新しい主体性の産出に結びつけていたのである。それが、中央集権主義の批判、「生活の質」に関わる質的な要求にとどまっていたとしても。世界的な出来事については、手短に、ユーゴスラヴィアの自主管理の実験、チェコの春とその弾圧、ヴェトナム戦争、アル

ジェリア戦争、また「新しい階級」（新しい労働者階級）の組織網、また徴候の問題、農民、学生の新しいサンディカリズム、いわゆる制度的精神医学・教育学などの拠点……などを引用することができる。思想の動向については、おそらくルカーチにまで遡らなくてはならない。彼の『歴史と階級意識』は、すでに新しい主体性の問題を提起していた。さらにフランクフルト学派、イタリアのマルクス主義、「アウトノミア」の最初の萌芽（トロンティ）、サルトルの周囲に生まれた新しい労働者階級についての思索（ゴルツ）、また「社会主義か野蛮か」、「状況主義」、「共産主義の道」などのグループ（特に、フェリックス・ガタリと「欲望のミクロ政治学」）。思想の動向と出来事とは、つねに相互干渉し続けた。六八年以後、フーコーは「監獄情報グループ」や監獄闘争によって、個人的に新しい闘争形態の問題を再発見し、『監獄の誕生』の時期に「権力のミクロ物理学」を仕上げる。こうして彼は全く新しい仕方で知識人の役割を考え、生きるよう仕向けられる。それから、彼自身は新しい主体性の問題に到達するのだが、『知への意志』から『快楽の活用』にいたるまでに、彼はこの問題の所与を変更してしまうのだ。こんどはおそらくアメリカの運動との関わりがある。闘争、知識人、主体性のあいだの脈絡については、ドレイファス／ラビノウ、三〇一～三〇三〔二九〇～二九一〕のフーコーの分析を参照。そして、共同体の新しい形態についてのフーコーの関心は、確かに本質的なものであった。

差異的な関係を統合する際の条件の歴史を探究するのだ。彼は私生活の歴史を探究するのではなく、自己との関係が私生活を構成する際の条件の歴史を探究するのだ。彼は様々な主体の歴史を探究するのではなく、存在論的でも、社会的でもある領野において作用する褶曲のもとでの主体化のプロセスの歴史を探究するのだ。(46) ほんとうは、ただ一つのことがフーコーの関心を引き続けている。それは思考にほかならない。「思考するとは何を意味するか、何を私たちは思考と呼んでいるのか」。それはハイデッガーによって投じられ、フーコーによって引き受けられた問い、めざましい矢にほかならない。一つの歴史が問われているが、しかしそれは、このようなものとしての思考の歴史にほかならない。思考すること、それは実験すること、問題化することである。知、権力、そして自己は、思考の問題化の三つの根源である。そしてまず、問題としての知によれば、思考することは、見ることと話すことである。しかし、思考することは、〈二つのあいだ〉、間隙、あるいは見ることと話すこととの分離において行なわれる。それは、一瞬一瞬、もつれ合いを工夫すること、一方の矢を他方の的に射ること、言葉のなかに光のきらめきを散乱させること、可視的なもののなかに一つの叫びを響かせることである。思考すること、それは、見ることをその固有の限界にとどかせ、話すこともまたその限界にとどかせることである。それゆえこの二つは、二つを分離しながら関係づける共通の限界となる。

ついで、問題としての権力に関しては、思考することは特異性を放ち、サイコロを投げることである。賽の一擲が表現することは、思考がいつでも外からやってくるということにほかならない（すでに、間隙のなかに流れこみ、あるいは共通の限界を構成していたあの外である）。思考することは、先天的でもなければ、後天的でもない。それは、一つの能力の先天的な行使ではないが、外部世界で構成される学習（learning）でもないのだ。先天的なものと後天的なものに、アルトーは「生殖的なもの」、このようなものとしての思考の生殖性を対立させたのである。どんな外部世界よりも遠くにあり、それゆえどんな内部世界よりも近くにある一つの外からやってくる思考を。この外を〈偶然〉と呼ぶべきだろうか。(47) そして、実際、賽の一擲は、もっ

(46)『快楽の活用』一五〔一六〕を参照。フーコーと歴史、そして諸条件についての最も深い研究は、ポール・ヴェーヌのものである。「フーコーは歴史を革命する」。『歴史をどう書くか』法政大学出版局 Paul Veyne, *Comment on écrit l'histoire*, Ed. du Seuil（特に「不変要素」の問題について）。

(47) ニーチェ－マラルメ－アルトーの三位一体は、特に『言葉と物』の最後に指摘されている。

とも単純な力関係、あるいは権力関係を表現している。つまり偶然に抽出される特異性（面の上の数）のあいだに確立されるような関係を表現しているのだ。フーコーが理解する力関係は、単に人間に関するだけでなく、様々な要素、偶然に取り出されたアルファベット文字、あるいは一つの言語にしたがって、相互の牽引、集中の頻度によって配列されたアルファベット文字などにも関連する。偶然は、第一の試行にとってしか有効でない。おそらく第二の試行は、マルコフの連鎖における部分的再結合の継続のように、第一の試行によって部分的に限定された条件のもとで行なわれる。そして、外とはまさにこれにほかならない。外とは、不確かさと依存関係との混合において、偶然の抽出をたえず再結合する線である。だから、思考することはここで新しい相貌をおびる。特異性を抽出すること、抽出を再結合すること。そして、ある特異性の近傍から、別の特異性の近傍へと移動する系列をいつも作り出すこと。あらゆる種類の特異性が存在し、いつもそれは外からやってくる。力関係のなかに導かれた権力の特異性、突然変異を準備する抵抗の特異性、そして関係のなかに入ることも統合されることもなく、外に宙吊りになったままの「野性の」特異性さえ存在する……（このときだけ「野性」は意味をもつのだ。一つの経験としてではなく、まだ経験のなかに入ってこないものとして）。[48]

思考のこのような規定はすべて、すでに思考の行為の原型的な相貌をなしている。そして長いあいだフーコーは、思考することがさらに別のものでありうると、考えることはできなかった。思考することは、どのようにして、一つの道徳を発見することができるだろうか。思考は、それが発生してくる外、思考のなかに「考えられないもの」として住まっている外をのぞけば、何もその内側に見出すことができないのだ。この意志の決断《フィアット》。これがあらかじめどんな命令も無効にしてしまう。[49] しかしフーコーは、異様な、最後の相貌が現われるのを予感する。もし外が、どんな外部世界よりも

(48)『言語表現の秩序』三七〔三七〕を参照。ここでフーコーは、「野性の外部性」を引き合いに出し、同時代の生物学には消化しえなかった生物学的対象、概念と方法を構成したメンデルを例としてあげている。これは、野性の外部性など存在しないという考え方となんら対立するものではない。そのようなものは存在しないというのは、どんな経験もすでに、知の関係と権力関係を前提とするからである。ところが、まさに、野性の特異性は、知と権力の外に、余白においやられ、科学はもはやそれを再認することができなくなるのである。三五〜三七〔三五〜三七〕。

(49) フッサール自身が、思考において、賽の一擲や、点の配置としての「意志の決断」を引き合いにだしている。*Idées...*, Gallimard, 414.

さらに遠くにあり、しかもどんな内部世界より近くにあるとすれば、それは思考が、思考に固有の〈思考されないもの〉として外を発見しながら、自分自身に影響する、ということのしるしではないか。「思考が、思考されないものを発見することができるのは……すぐさま思考されないものを自己に近づけることによって、あるいはさらにそれを遠ざけることによってである。また、人間の存在はこの距離のなかに繰り広げられるのだから、人間の存在が、まさにこのことのせいで変化をこうむることによってである」[50]。この自己への影響、この遠さと近さの転換は、一つの内の空間を構成しながら、しだいに重要性を増していくのだが、内の空間は襞の線上で外の空間と全面的に共通のものとして現われる。問題の〈思考されないもの〉は、自分自身を倫理的主体として問題化する思考者に場所を譲る（アルトーにおいて、それは「先天的生殖性」であり、フーコーにおいては、自己と性との出会いである）。思考することは折り畳むことであり、外と共通の広がりをもつ内によって、外を二重化することである。思考の一般的なトポロジーは、すでに特異性の「近傍で」開始されていたのだが、いま外から内への褶曲において完成される。「外部の内部に、そしてその逆に」と『狂気の歴史』は言っていた。私たちはどんな組織化（差異化と統合作用）も、絶対的な外と内の一次的な位相的構造を前提とすることを示すことができた。このような構造が、相対的、媒介的な外部性と内部性を導き出すのだ。内のどんな空間も、距離とは無関係に、そして一つの「生物」の限界上で、位相的に外の空間と接触しているのである。そしてこの肉体的、あるいは生命的なトポロジーは空間によって説明されるものではなく、一つの時間を解き放つのである。この時間は、内において過去を圧縮し、外において未来を到来させ、生ける現在の限界で過去と未来を衝突させるのである。(51) フーコーは、もはや単にゴーゴリ風の古文書学者ではなく、チェホフ風の地図作成者でもなく、偉大な小説『ペテルスブルグ』におけるベールィ*に似たトポロジストである。ベールィは大脳皮質の褶曲を、外と内との転換に変える。第二の空間において、もはやたがいがもう一方の裏側にすぎないような都市と脳が適用されているのである。このような、もはや少しもハイデッガーに負うところのない方式によって、フーコーは、裏地あるいは襞をとらえる。内が、外の褶曲によって成立するとすれば、内と外とのあいだには位相的な関係が存在する。自己との関係は、外との関係と相同

(50)『言葉と物』三三八〔三四八〕（そして、フッサールの現象学についての注釈、三三六〔三四五〜三四六〕）。

(51) シモンドン『個体とその物理生物学的発生』Simondon, *L'individu et sa physico-biologique*, P.U.F., 258-265.

的である。そして二つの関係は、相対的に外部的な（それゆえ相対的に内部的な）環境にほかならない様々な地層を媒介にして接触するのである。内のすべてが、様々な地層の限界で能動的に外にむけて出現するのだ。内は過去（長い持続）を、少しも連続的でない様々な様式によって凝縮するが、この過去を外からやってくる未来と衝突させ、過去を交換し、再創造する。思考することは、限界として働く現在の地層のなかに住まっている。私は、今日、何を見ることができ、何を言うことができるだろう。しかしそれは、内に凝縮されたものとしての過去を、自己との関係において考えることである（私のなかには、一人のギリシャ人が、またはキリスト教徒がいる……）。現在に抗して過去を考えること。回帰するためでなく、「願わくば、来たるべき時のために」（ニーチェ）現在に抵抗すること、つまり過去を能動的なものにし、外に現前させせながら、ついに何か新しいものが生じ、考えることがたえず思考に到達するように。思考は自分自身の歴史（過去）を考えるのだが、それは思考が考えていること（現在）から自由になり、そしてついには「別の仕方で考えること」（未来）ができるようになるためである。(52) それは、ブランショが「外の情熱」とよんだものであり、外それ自体が「親密さ」「侵入」となったからこそ、外にむかうような一つの力なのである。(53) トポロジーの三つの審級は相対的に独立しており、つねに相互に交換している。

何か新しいものを見させ、あるいは言わせるような層面をつねに生み出すのは、地層の役割である。しかし、確立された力を批判することは、外との関係に属し、最後に主体化の新しい様式を招来し産出することは、自己との関係に属する。フーコーの著作は、私たちにとって思考することが何を意味するかを変えてしまった偉大な著作に、もう一度結びつけられる。

「私は決してフィクション以外のものを書いたことはない……」。しかし、フィクションが、こんなにも真実と現実を生み出したことはないのだ。フーコーの偉大なフィクションを、私たちはどのように物語ることができるだろうか。世界は重なりあった表層からなり、古文書あるいは地層でできている。だから世界は知である。しかし、地層の中心には亀裂が走っていて、一方には視覚の光景が、他方には音声の曲線が配分される。つまり、それぞれの地層上の言表可能なものと可視的なもの、知の還元しがたい二つの形態、〈光〉と〈言語〉、可視性と言表を別々に配置する二つの巨大な外部性の環境が配分されるのである。そのとき私たちは、ある二種の運動に捕えられる。

(52)『快楽の活用』一五〔一六〕。
(53) ブランショ『無限の対話』六四〜六六。

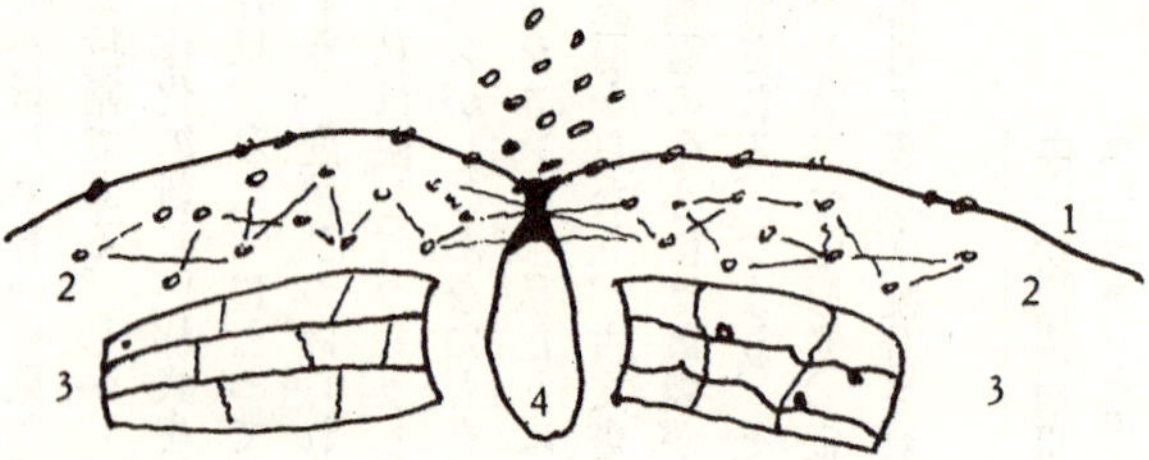


1. 外の線　2. 戦略的帯域　3. 地層　4. 襞（主体化の帯域）

フーコーのダイアグラム

私たちは、地層から地層へ、帯から帯へと身を沈め、表層つまり、光景と曲線を横断し、亀裂をたどり、世界の内部へ到達しようとする。メルヴィルがいうように、私たちは、誰もいないのではないかと恐れ、人間の魂が巨大な恐るべき空虚をあらわにするのではないかと恐れながら、中心の部屋をさがし求める（誰が、古文書の中に、生を探すことを夢想するだろう）。しかし同時に、外に、大気的要素に、「地層化されない実体」に到達しようとして、私たちは地層を超えようとする。「地層化されない実体」は、知の二つの形態が、どのようにしておのおのの地層の上で、亀裂のいたるところで抱擁しあい、交錯しあうかを、説明することができるだろう。そうでなければどうして、古文書の二つの部分が交通しあい、言表が光景の背後にやってきたり、光景が言表を明示したりするか、説明できるだろう。

この無形の外は、一つの戦いである。それは乱流や嵐の地帯のようであり、そこでは特異点と、特異点のあいだの力の関係が激動している。地層は、その上に繰り広げられる戦いの視覚的な微粒子と音声的な残響を収集し固体化する。しかし、地層上で特異性は形をもたず、可視的な物体でも、話す人物でもない。私たちは、不確かな分身、部分的な死、出現や消滅の領域に入るのである（ビシャの領域）。それは一つのミクロ物理学である。フォークナーのいうように、私たちはもはや人物のようにではなく、二つの蛾、二つの羽のように、たがいに不可視になり聾になって、その上に立っている、「卑怯者は死ね、殺せ、殺せ、と叫びながら、私たちが投げあう土ぼこりの、憤って徐々に散っていく煙幕のまっただ中で」。このような地帯の一つ一つの大気的状態に、関係のなかにとらえられた力または特異性のダイアグラムが対応する。つまり戦略が対応するのである。地層が土でできているとすれば、戦略は大気的、海洋的である。しかし、戦略は地層のなかで現実化され、ダイアグラムは古文書のなかで現実化され、地層化されていない実体は地層化される。現実化されることは、統合され、差異化されることである。無形の力関係は、特異性の近傍を通る曲線の形態（言表）と、特異性を光の形象に配分する光景の形態（可視性）という二つの非等質的な形態を作りだしながら差異化される。そして同時に力関係は、差異化の両面にほかならない二つのあいだの形式的な関係のなかに、確かに統合されるのである。つまり力関係は、あの地層の下でだけ始まる亀裂をまだ知らなかった。力の関係は地層のなかで自己を現実化しながら亀裂を穿ち、またたえず統合されつつ差異化しながら、二つの方向に亀裂を飛び越えることができるのだ。

力はいつも外から、どんな外部性の形態よりも遠くにある一つの外からやってくる。だから、力関係のなかにとらえられた特異性だけが存在するのではない。力関係を変え、転倒し、不安定なダイアグラムを変更するような傾向をもつ、抵抗の特異性もまた存在する。そして、外の線そのものの上で、まだ拘束されないで、まさに亀裂の上で激しく沸騰している野性の特異性さえ存在するのである。それはまさに嵐の上で、あらゆるダイアグラムをかきまわす恐ろしい線である。二つの自由な端をもち、その複雑な曲流のなかに、どんな船も包みこんでしまい、時機がくると、おそるべきねじれに身を委ね、消え去っていくときは、いつも人をまきこんでしまいかねないようなメルヴィルの線。あるいは「無数の逸脱」や増大する分子的な速度をもつミショーの線、「怒り狂った御者の鞭紐」。しかし、この線がどんなに恐ろしいものでも、それはもはや力の関係によっては測りしれず、恐怖を超えて彼方に、人を連れていく生命線である。なぜなら、亀裂のある所で線は輪になっているからだ。「台風の目、そこで人は生きのびることができ、そこにはとりわけ〈生命〉がある」。あたかも、わずかしか持続しない加速された速度が、もっと長い持続において、ある「緩慢な存在」を成立させたかのようだ。それは松果腺に似て、たえず方向を変えながらみずからを再構成し、内に属するけれども、あらゆる外の線と共通な広がりをもつ一つの空間を描き出す。最も遠いものが、最も近いものへの転換によって内的となる。「襞のなかの生」。それは中心の部屋であるが、もう私たちは、それが真空ではないか憂慮することはない。自己をそこにおくだけでいいからだ。ここで人は、自己の速度の主人となり、この主体化の帯域で、相対的に自己の分子たち、自己の特異性たちの主人となる。船は、外部の内部のようなものだ。

# 付記——人間の死と超人について

フーコーの一般原理とは、どんな形態も様々な力関係の組み合せである、ということである。だから私たちはまず、問題となっている様々な力について、それらの力がどんな外の力と関係しているか、その結果どんな形態が出現するか、と問うであろう。仮に人間における力を考えてみよう。想像し、思い出し、理解し、欲望する力など……。このような力は、すでに人間を前提としているではないか、という反論があるにちがいない。しかし、形態としての人間というのなら正しくない。人間における様々な力は、ただ場所と、作用点、存在者のある地帯を前提とするだけである。同じように、動物における力（移動性、被刺激性……）は、あらかじめどんな限定された形態も前提としない。人間のなかの力が、一定の歴史的形成において、他のどんな力と関係し、この力の組み合せからどんな形態が生じるかを知ることが大切である。私たちはもう予感できるはずである。人間における様々な力は、必ずしも〈人間〉という一つの形態をもつ組み合せのなかにおさまってしまうものではなく、別の仕方で、他の組み合せに、他の形態に投入されることもありうることを。ある短い時期を考えてみても、〈人間〉はつねに存在したのではなく、いつまでも存在するわけではない。〈人間〉という形態が現われ描かれるには、人間における様々な力が、外にあるとても特別な、様々な力と関係しなくてはならないのである。

## I 「古典主義的」な歴史的形成

古典主義的な思考は、それがどんなふうに無限を考えるか、によって認知される。つまりどんな現実も、ある力において、完全と「等しい」ものであり、それゆえ無限〈無限な完全性〉にまで上昇しうるのである。その他には制限があり、制限があるのみである。例えば、理解する力は無限に上昇しうる。だから、人間の悟性は無限の悟性の制限にすぎないのである。そして、たぶん非常に異なった様々な無限性の秩序があるのだが、これらはただ何らかの力にむけて強いられる制限の性格にしたがって異なるのである。理解する力は、無限にまで直接上昇しうるのだが、想像する力の方は、下位の、あるいは派生的な秩序をもつ無限にしか達しえない。十七世紀は、決して無限と無限定との区別にたいして無知であったわけではなく、無限定を、無限のもっとも低い度合とみなした。延長が神に属するかどうかを知ろうという問題は、延長において現実であるものと制限であるものとの配分に、つまり延長を無限のどんな秩序に上昇させることができるかにかかっている。だから、十七世紀における最も典型的なテキストは、無限性の秩序の区別に関するものである。パスカルのいう無限大、無限小、スピノザのいうそれ自身における無限、自己原因による無限、そして様々な限界のあいだの無限、あるいはライプニッツにおけるあらゆる無限……。古典主義的な思考は、確かに平穏に君臨する思考ではない。それは、たえず無限のなかで自分自身を見失う。ミシェル・セールがいうように、古典主義的思考は、どんな中心も領土も失い、これらのあらゆる無限のあいだに有限の位置を固定しようとして苦悶し、無限のなかに一つの秩序をおこうとするのである。(1)

要するに、人間のなかの様々な力は、無限にむけて上昇する力と関係するのである。

(1) ミシェル・セール『ライプニッツのシステム』Serres, *Le système de Leibniz*, P.U.F. II, 648-657.

上昇する力はまさに外の力である。人間は制限されているので、彼自身をつらぬくもっと完全なこの力能に、彼自身は気づくことができない。だから、一方に人間のなかの様々な力、他方にそれらが直面する無限への上昇力を組み合せたものは、〈人間〉という一形態ではなく、〈神〉という形態なのである。神は、組み合せなどではなく、計りしれない絶対的な統一性である、と人は反論するかもしれない。確かにそうだが、十七世紀の思想家にとって、〈神〉という形態は組み合せなのである。これは、まさに直接に無限にまで上昇しうるあらゆる力のまさに組み合せなのである（悟性と意志であったり、思考と延長であったり、等々）。その原因によってだけ、あるいはいろいろな限界のあいだでだけ上昇しうる他の様々な力の場合も、本質としてではなく、結果として、やはりそれらは〈神〉の形態に依存しているので、一つ一つの力から、神の存在の証拠を引き出すことができるほどである（宇宙論的、物理目的論的証明……）。こうして、古典主義的な歴史形成において、人間における様々な力は、外の様々な力との関係に入るのだが、その組み合せは〈人間〉という一形態ではなく、〈神〉という形態であるような性格をもつのである。無限の表象の世界とはこのようなものである。

派生した秩序においては、それ自身は無限ではないが、やはり無限にむけて展開しうるような要素、そしてこのようにして一覧表や、無限の系列や、延長可能な連続体に入るような要素をみつけることが問題になる。これが、やはり十八世紀においても古典主義的な科学性の印になるのである。つまり生物については「特徴」が、言語については「語根」が、富については金銭（または土地）がこの印である。このような科学は一般的であるが、一般的とは無限性の秩序を示している。だから、十七世紀には生物学はなく、系列において組織化されてはじめて体系を構成する博物学があり、政治経済学はなく、富の分析があり、文献学も言語学もなく、一般文法が存在する。フーコーの分析はこの三重の側面を精細にとらえ、とりわけそこに言表の切断の場を発見する。フーコーは、彼の方法に忠実に、古典主義的な思考の「考古学的な地盤」を抽出するのであるが、これは、人が予想だにしない類縁性を出現させ、またあまりに期待通りの系譜を解体させてしまうのである。たとえば、ラマルクをダーウィンの先駆者とみなすことは避けられるだろう。なぜなら、確かにラマルクの天才とは、いくつかの点で、生物に歴史性を導入したことであるとしても、それはやはり動物の系列から見てのことであり、新しい因子によって脅かされたあの系列の観念を、あくま

（2）『言葉と物』第四、五、六章。

で救済するためなのである。ダーウィンとはちがって、ラマルクは、古典主義的な「地盤」に属している。[3] この地盤を定義するもの、古典主義的と呼ばれる言表の大きな〈族〉を機能的に構成するもの、それは無限への展開、連続体の形成、一覧表の開放といったあの操作である。つまり、襞を広げること、たえず襞を広げること——「解明する」ことである。いったい神は、普遍的な解明、至上の開放でなければ何であろうか。ここで、広げられる襞は、古典主義的な形成において具体化される操作的な思考の根本概念として、第一の側面として現われる。フーコーが「広げられる襞」という語を頻繁に使うのはそのためである。もし臨床医学がこのような形成に属しているとすれば、それが「二次元の帯域」のうえに布の襞を広げ、その編成が無限に存在するような系列として徴候を展開するからである。[4]

## II　十九世紀の歴史的形成

突然変異は以下のようなものである。人間における様々な力は、新しい外の力、有限性の力と関係しはじめる。これらの力とは、〈生命〉であり、〈労働〉であり、〈言語〉である。つまり、生物学、政治経済学、言語学を生み出すことになる有限性の三つの根源である。そして、おそらく私たちは、この考古学的な突然変異にやがて慣れてしまったのである。「構成的な有限性」が、起源的な無限にとってかわるという、この革命はカントにまで遡るとしばしば考えられている。[5] 有限性が構成的であること、古典主義時代にとってこれほどわかりにくいことがあろうか。しかし、フーコーはこの図式にじつに新しい要素をもちこむのだ。人が単に、人間は、歴史的に規定可能な原因のもとで、自分自身の有限性を意識するようになる、といっていたとき、フーコーは、二つの全く異なる瞬間を導入する必要を強調するのである。人間における力は、外の力としての有限性の力に直面し、これを把握するようにならなければならない。人間における力が有限性と衝突しなければならないのは、自分自身の外においてであ

(3)『言葉と物』二四三〔二四九〕。ドーダンの典型的な研究 Daudin, *Les classes zoologiques et l'idée de série animale*『動物学上の諸綱と動物の系列の観念』は、古典主義時代の分類が、いかに系列にもとづいて展開されたかを説明している。

(4)『臨床医学の誕生』一一九〔一六七〕、一三八〔一九〇〕。

(5) この主題のもっとも穿った表現は、ヴィルマンの書物に見られる。『カントの遺産とコペルニクスの革命』Vuillemin, *L'héritage kantien et la révolution copernicienne*, P.U.F.

る。その後で、ただその後ではじめて、第二の段階で、人間における力はこの有限性を自身の有限性とし、必然的に、自分自身の有限性として意識するようになる。つまり、人間における力が、外からやってくる有限性の力と関係すると、このときはじめて様々な力の全体が〈人間〉という形態を編成するのである（そしてこれはもはや〈神〉という形態ではない）。人間はここで始まる（Incipit Homo）。

このようにして、言表の分析方法がミクロ分析であり、人が一つの段階しかみていなかったところに、二つの段階を区別するものであることが明らかになる。(6) 第一の段階は、以下のようなものである。つまり、何かが系列を断ち切り、連続体を破壊してしまう。連続体はもはや表面には展開されないのだ。それは、新しい次元の到来のようであり、ある還元不可能な深さが、無限の表象の秩序を脅かすようになる。ジュシユー、ヴィック・ダジール、ラマルクとともに、一つの植物あるいは動物における諸特徴の整合関係や従属関係、つまり組織力は、もはや一列に並べることのできるような有機体の区分ではなく、それぞれが独自に発展するような傾向をもつ有機体の区分を強いるようになる（そして病理解剖は、有機的な深層、あるいは「病理学的な容積」を発見しながら、このような傾向を強化する）。ジョーンズによって、屈折の力は、語根の秩序を変質させてしまう。アダム・スミスによって、労働力は、富の秩序を変質させてしまう（それは抽象的労働であり、もはや一定の質によってとらえられない任意の労働である）。だからといって、古典主義時代が組織、屈折、労働を認識していなかった、というわけではない。しかし、これらは制限の役割をはたしていたのであり、対応する質が、たとえ理念上のことであれ、無限へともちあげられ、無限に展開されることを妨げるものではなかったのである。ところが、今や、これらは質から離脱し、何か形容しがたいもの、何か表象不可能なもの、そしてまた生命における死であり、労働における苦痛や疲労であり、言語におけるどもりや失語症であるものを穿つのである。大地さえも、その本質的不毛性を見出し、外観上の無限の秩序から脱け出してしまうのである。(7)

このとき、第二の段階、生物学、政治経済学、言語学に対する準備はすべて整って

（6）『言葉と物』において、フーコーはたえず、二つの段階を区別することを主張しているが、それはいつも同じように定義されているわけではない。狭い意味では、まず固有の歴史性を受け取る物があり、ついでこの歴史性を自分のものにする人間がいる（三八〇〜三八一〔三九〇〜三九一〕）。また広い意味ではまず変化する「諸配置」があり、ついでそれらの「存在様態」がある（二三三〔二四一〕）。

（7）『言葉と物』二六八〔二七五〕。

いる。物、生物、そして言葉が、新しい次元にほかならないこの深層に再び折り畳まれ、この有限性の力に下降するだけで充分なのである。生命においては、もはや組織力があるのみならず、たがいに還元不可能な、空間時間的な組織平面が存在し、これにしたがって生物は散布される（キュヴィエ）。言語においては、もはや単に屈折の力が存在するのみならず、接辞言語あるいは屈折言語がそれにしたがって配置されるような平面が存在し、この平面において、単語や文字の自律性は、音の相互関係に場所を譲り、言語それ自体はもはや、指示作用や意味作用によって定義されるのではなく、「集団的な欲望」にかかわるものとなる（ボップ、シュレーゲル）。もはや単に生産労働力があるのみならず、労働それ自身を、資本にむかって下降させるような生産の条件が存在するのである（リカード）。やがて逆に、強奪される労働にむけて資本は下降するようになる（マルクス）。いたるところで、比較された事項が、十七世紀に特有の一般性にとってかわる。比較解剖学、比較文献学、比較経済学などである。フーコーの用語にしたがえば、いたるところで今や〈襞〉が支配する。これは、十九世紀的形成において具体化される操作的な思考の第二の側面なのである。人間における力は、深層における有限性というこの新しい次元に下降し、折り畳まれる。人間の次元は、そのとき人間そのものの有限性になるのである。フーコーはたえず言っている。

襞とは「厚さ」を、また「窪み」を構成するものであると。

どのようにして襞が根本的なカテゴリーとなるのか、よりよく理解するには、生物学の誕生を考えてみれば十分である。そこに私たちは、フーコーの正しさを裏づけるものをすべて見ることができる（そしてこれは、他の領域にも妥当することである）。キュヴィエは、四つの大きな門を設けたとき、種や綱よりも広範囲な一般性を定義しようとしたのではなかった。それどころか、種の連続体がますます一般的な用語においてグループ分けされることを妨げるような断層を定義したのである。門あるいは組織平面は、軸や、方向づけや、運動性を登場させる。生物は、こうして一定の仕方で、折り畳まれるのである。それゆえ、キュヴィエの著作は、胚葉の褶曲にもとづくベーアの比較胎生学につながっていくものである。そして、ジョフロワ・サンティレールがキュヴィエの組織平面に抗議して、ただ一つの同じ編成平面の観念を主張するとき、彼が引き合いにだしているのは、やはり折り曲げの方法である。脊椎動物の脊柱の二つの部分を近づけ、頭を足に、骨盤をうなじにもっていくと、脊椎動物は頭足綱になる。(8) もしジョフロワが、キュヴィエと同じ「考古学的地盤」に属しているとすれば（フーコーの言表の分析方法によればそうなる）、それは二人とも襞を引き合いにだしているからである。一方は、表層における一つのタイプから別のタイプへの移行を不可能にしてしまうような第三の次元として、他方は、深層における移行を実現する第三の次元としての襞である。そのうえ、キュヴィエ、ジョフロワ、ベーアは、みな進化論に反対している。しかし、ダーウィンは、与えられた環境において、特徴を分散させ、差異を深めていくという生物の特長の上に、自然淘汰を基礎づけるのである。同じ場所で、最大数の生物が生きのびうるのは、それらが様々な仕方で折り畳まれるからである（分散の傾向）。それゆえ、ダーウィンはやはり、ラマルクとちがってキュヴィエと同じ基盤に属している。彼は、その進化論を、収束の不可能性、系列の連続体の崩壊の上に基礎づけているからである。(9)

もし襞と広げられた襞が、フーコーの着想だけでなく、スタイルさえ活気づけているとすれば、それは、これらが思考の考古学を構成するからである。まさにこのような土壌で、フーコーがハイデッガーに出会ったということは、それほど驚くべきことではあるまい。影響が問題ではなく、出会いが問題なのである。襞と広げられた襞とは、フーコーの場合、ハイデッガーとはまったく異なる起源と、用法と、使命をもっているからである。フーコーによれば、問題は、ある種の力関係である。この関係において、局地的な力は、無限への上昇力（広げられた襞）に直面して神という一つの形態を構成したり、有限性の力（襞）と直面して人間という一つの形態を構成したりするのである。これは、むしろハイデッガー的であるよりは、ニーチェ的な歴史であり、ニーチェに帰する、あるいは生に帰する歴史である。「生命があるからはじめて存在があるのだ……。生命の経験は、したがって諸存在のもっとも一般的な法則として示される……けれどもこの存在論は、何が諸存在を基礎づけるかではなく、何がそれらを一瞬、暫定的な形態にもたらすか、露わにするのである」(10)。

---

（8）ジョフロワ・サンティレール『動物哲学原理』Geoffroy Saint-Hilaire, *Principes de philosophie zoologique*（折り畳みについてのキュヴィエとの論争が含まれている）。

（9）キュヴィエのもたらした大きな「切断」に比べると、ラマルクはまだ古典主義的な博物学に属している。キュヴィエは、ダーウィンとともに現われる生物の「歴史」を可能にするのである。『言葉と物』二八七〜二八九〔二九四〜二九五〕、そして三〇七〔三一五〕。（「進化論は、一つの生物学理論を成立させる。その可能性の条件とは、進化なき生物学、キュヴィエの生物学であった」）。

（10）『言葉と物』二九一〔二九八〕（このテキストは、十九世紀の生物学に関するものであるが、その射程ははるかに大きく、フーコーの思考の恒常的な側面を表わしているように思われる）。

## III　未来の形成にむけて？

あらゆる形態が一時的なものであることは、明らかなことである。なぜなら、形態は、力の様々な関係に依存し、これらの突然変異に依存するからである。人は、ニーチェを、神の死についての思想家にしたてては歪曲してしまう。神の死についての最後の思想家は、フォイエルバッハなのである。彼は、神は人間の広げられた襞にほかならなかったのであり、人間は神を折り畳み、さらに折り返さなければならないことを説明した。しかし、ニーチェにとって、それは古めかしい話である。そして、古めかしい話は、そのヴァリアントを増殖していくものだから、ニーチェは神の死の、あらゆる喜劇的な、あるいは滑稽な異本を、獲得された事実の様々なヴァリエーションとして増殖した。しかし、彼の興味を引くのは、じつは人間の死なのである。〈神〉が存在するかぎり、つまり〈神〉という形態が機能するかぎり、人間はまだ存在していない。しかし、〈人間〉という形態が現われるとき、それはすでに人間の死を、少なくとも三つの仕方で内包しながら、現われるのである。まず、〈神〉が不在であれば、人間はどのようにして同一性の保証者をみつけることができようか。(11) また、〈人間〉という形態は、それ自身、有限性の襞においてはじめて成立した。つまりこの形態は、人間に死をもたらすものである（そして、そのことを私たちは、ハイデッガーの方法ではなく、死を「暴力的な死」という様態において考えたビシャの方法において見た[12]）。結局、有限性の力それ自体は、生命の組織平面の拡散、言語の分散、生産様式の不均衡、などを通じてはじめて人間が存在するようにするのである。これらにともなって、「認識の批判」はたちまち「諸存在の絶滅にかかわる存在論」となる

(11) これはクロソウスキーが、『ニーチェと悪循環』ちくま学芸文庫 Klossowski, *Nietzsche et le cercle vicieux*, Mercure de France において強調していることである。

(12) 私たちがすでに見たように、決定的な、分割しがたい瞬間であるような、死の古典主義的概念と訣別するのはビシャである（サルトルによって踏襲されたマルローの、死は「生を運命に変える」ものであるという定式は、やはり古典主義的な概念に属している）。ビシャの三つの偉大な新しさとは、死を生と同じ広がりをもつものとして立てたこと、そこから部分的な死という包括的な結果を導きだしたこと、そしてとりわけモデルとして「自然な死」のかわりに、「暴力的な死」を採用したことである（この最後の点の釈明に関しては、『生と死についての生理学的研究』を参照のこと。Bichat, *Recherche physiologiques de la vie et la mort*, Gauthier-villars, 160-166）。ビシャの本は、死の近代的概念の最初の証言である。

（古生物学だけでなく、民族学も同様である）[13]。それにしても、フーコーは、人間の死について何も悲しむべきことはない、といいながら何をいいたかったのだろうか。実際、人間という形態は良いものであっただろうか[14]。それは、人間における力、生きる力、話す力、働く力を豊かにし、そして持続することができただろうか。それは、存在する人間を、暴力的な死から守るものであっただろうか。だから、またも提起される問題は次のようなものである。もし、人間における力が、外の力と関係してはじめて形態を合成することができるなら、いまそれはどんな新しい力と関係する可能性があり、そこから、神でも、人間でもないどんな新しい形態が出てきうるだろうか。ニーチェは「超人」と言いながら、このような問いの状況を正しく示したのである。

これは、もし漫画になってしまうことを避けるなら、とても控え目な示唆にとどめておくしかないような問いである。フーコーはニーチェと同じく下絵を示すことができるだけである。胎生学的な意味において、まだ機能的でないものとして[15]。ニーチェは言っていた。人間は、生を監禁した。超人は、人間自身における生を解放して、別の形態を与えようとするものである……。フーコーは、じつに興味深い示唆を与えている。もし、人文主義的な十九世紀の言語学が、対象としての「言語が均等化するため」の条件である諸言語の分散によって成立したとすれば、これに対してある跳ね返りが生じた。それは、文学が逆に、言語を「集中し」、それが指示し意味するものを超え、また音声そのものを超えて、ある「言語の存在」を際立たせるような全く新しい機能をもちはじめたからである。(16) 興味深いことに、フーコーはここで、その現代文学の卓抜な分析において、生命にも、労働にも許していない特権を言語に与えている。彼は、生命と労働は、言語の分散と同時におきたそれらの分散にもかかわらず、それらの存在の集中をまだ失っていなかったと考えている。(17) しかしながら、おのおの分散する一方、労働や生命は、経済学や生物学から一種の離脱をとげながらはじめて、おのおの集中することができたように思われる。それは、文学が言語学から離脱したと

(13)『言葉と物』二九一〔二九八〕参照。
(14)「作者とは何か」一〇一。「涙をこらえよう……」。
(15)『言葉と物』三九七～三九八〔四〇八～四〇九〕。
(16)『言葉と物』三〇九〔三一七〕、三一三〔三二一〕、三一六～三一八〔三二四～三二六〕、三九五～三九七〔四〇六～四〇八〕(「死の……、考えられない思考の……、反復の……、有限性の……体験」のような近代文学の特徴について)。
(17) フーコーによるこのような言語の特別な情況の理由については、『言葉と物』三〇六～三〇七〔三一四～三一五〕、そして、三一五～三一六〔三二三～三二四〕。

きはじめて、言語が集中を実現できたのとまったく同じことである。生物学は、分子生物学に跳躍し、分散した生命は、遺伝子コードにおいて集中されなければならなかった。分散した労働は、第三種の、サイバネティックス的、あるいは情報科学的な機械において集中し、グループ化されなければならなかった。このとき、人間における力と関係する当の力は、どんなものなのか。それはもはや無限への上昇ではなく、有限性でもなく、〈無制限の有限〉であって、有限数の構成要素が、事実上無制限な組み合せの多様体を与えるような力の状況そのものを出現させるのである。操作的なメカニズムを構成するのは、襞でも、広げられた襞でもなく、何か〈超襞〉とでもいうべきもので、遺伝子コードの鎖に固有の褶曲や第三種の機械における硅素の潜在性や、言語が「もはや、たえまなくそれ自身に回帰しながら、折れ曲がっていくしかなくなる」ときの現代文学における文の相貌は、そのことをあからさまに示している。このような現代文学は、「言語の内部に外国語」を穿ち、重層的な文法的構築を無制限の数に増やして、非定型の、非文法的な表現に近づき、いわば言語の終末に近づいていく（例えばとりわけ注目すべきなのは、マラルメの本、ペギーの反復、アルトーの呼吸、カミングスの非文法性、バロウズの折り目、カット・アップやフォールド・イン、またルーセルの増殖、ブリッセの派生、ダダのコラージュ……）。そして、無制限の有限あるいは超襞は、ニーチェがすでに、永劫回帰の名によってしるしていたものではないだろうか。

人間における力は、外の力と関係する。炭素にとってかわる硅素の力、有機体にとってかわる遺伝子的な要素の力、シニフィアンにとってかわる非文法的なものの力などである。これらすべてに関して、超襞の作用を探究する必要があるだろう。「二重螺旋」は、そのもっともよく知られた場合である。超人とはいったい何であろうか。それは、これらの新しい力と結びついた、人間における力の組み合せの形態である。それは、力の新しい関係から出現する形態である。人間は、自分自身において、生命と労働と言語を解放するのである。超人とは、ランボーの定式によれば、まさに動物でみちた人間である（側面的な、あるいは逆行的な進化という新しいシェーマにおけるように、コードは他のコードの断片をとらえうる）。それは、鉱石そのもの、あるいは無機的なものでみちた人間である（硅素が支配するような場所）。それは、言語の存在でみちた人間である（「形のない、無言の、何も意味しない、言語が、その言うべきことからさえ解き放たれているあの地帯」で）[18]。フーコーがいうであろうように、超人は、決して存在する人間の消滅などではなく、しかも一つの概念の変化よりはるかに重大なものである。それは〈神〉でも人間でもない新しい形態の到来であり、私たちは、この形態が、前の二つの形態に比べて、もっと劣悪ではないことを希望することができる。

(18) 『言葉と物』三九五〔四〇六〕。ランボーの手紙は、単に言語と文学だけではなく、他の二つの局面にも関わるものである。未来の人間は、新しい言語をにない、動物たちそのもの、形なきものをになうのである(ポール・ドメニーあての手紙、『プレイアッド版全集』二五五)。

# 訳　註

（二九頁）

シンプソン Georges Gaylord Simpson（1902―1984）　アメリカの古生物学者、地質学者。遺伝学的見地にたって、新しい進化論を提唱した。

（四〇頁）

決疑論 casuistique　良心の問題に関するカトリック道徳神学の方法。古代の諸宗教、ユダヤ教、原始キリスト教にもこの方法が見られるが、体系化されるのは十六世紀の神学においてである。

（四八頁）

ウェーベルン Anton Webern（1883―1945）　オーストリアの作曲家。シェーンベルクの影響下に、無調音楽を完成した。

（四九頁）

ヴァレス Jules Vallès（1832―1885）　フランスの作家、ジャーナリスト。パリ・コミューンの際に、反乱を支持し死刑判決を受けて、一時ロンドンに亡命した。代表作は、三部作『ジャック・ヴァントラ』。

（五六頁）

封印状 lettre de cachet　君主の印を押された文書。これによって審判なしに、逮捕や追放が行なわれた。
（七二頁）

ガブリエル・タルド Gabriel Tarde（1843―1904）　フランスの社会学者。『模倣の法則』、『社会的心理の研究』などの著作がある。ドゥルーズは、この社会学者の、ミクロ的、分子的観点による社会分析を高く評価している。
（七九頁）

ファランクス Phalange　古代ギリシャの歩兵密集軍団。
（一二〇頁）

ブリッセ Jean-Pierre Brisset（1857―1923）　フランスの地方で駅員をしながら、『人間の起源』、『論理文法』、『神の科学』などの本を残した。言語学に興味をもち、蛙の「言語」を研究した。ブリッセのテキストは、アンドレ・ブルトンの『黒いユーモアのアンソロジー』にも紹介されている。フーコーはブリッセの『論理文法』に序文として「第七天使をめぐる七言」をよせている。
（一五九頁）

マルコフ Andreï Andreïvitch Markov（1856―1922）　ロシアの数学者。確率法則が、システムの以前の進行に依存せず、一定の瞬間の価値にのみ依存するような関係を研究した。確率論だけでなく、言語学においても、重要な業績を残した。
（二二五頁）

ベールィ Boris Nikolaievitch Bougaiev Biely（1880—1934）　ロシアの象徴派詩人、作家、『ペテルスブルグ』が代表作。他にゴーゴリについての研究なども残している。

# 訳者後記

ドゥルーズのこのフーコー論は、一九八四年六月のフーコーの死から二年後に発表された。何よりもまず精魂を傾けた追悼の書物であり、畏友の死のまだ生々しい記憶が刻まれている。たがいの書物に深い賛辞をよせあい、同時代の思想的政治的課題をしばしば分かち合ってきた二人の友情は、ドゥルーズにとってかなり例外的なものであったにちがいない。死は、フーコーの思索のあとを総点検する機会になり、これはひとつの記念碑をたてるような仕事をうながすのである。それはまったくひそやかな記念碑であったが、ドゥルーズ自身が、彼の時代においていかに哲学し、哲学的生をおくり、死を迎えるかを熟考する機会にもなった。

ドゥルーズはこの本で、フーコーについても、二人の親交についても、いっさい私的な事柄には触れていない。すべてのページがフーコーの書物の読解に集中しているが、集中すればするほど、その思考は名前も人物も通りぬけて、ある匿名のつぶやき、ざわめきに出会い、もはや二人だけに属さない友情や複数性の場を開くだけである。そのような場で、ドゥルーズはフーコーにてらして彼自身の思考の展開をも根底から点検している。このつつましく慎重な読解は、しだいに破局的な動揺の中に突き進み、最後には〈人間主義〉以降の哲学を大胆に素描するところまでいくのである。結果としてこの記念碑は、二つの固有名をはるかに超える思考の場の記念碑となった。

それにしても仰々しく、あるいは当たり前のように引用されはするが、思想家自身が最もこだわった中心の問いが読まれはしないという点において、フーコーほど極端なケースは少ないかもしれない。彼は「言説」そして「権力」を研究するという思想的課題を、新たな枠組みで提唱した人物として、しばしば言及される。この課題は、しだいに歴史学や社会学のパラダイムの中に吸収されていった。それがつねに、ある哲学的構想とともにあり、ひとつの哲学の展開であったことは、やがて見えないようになった。あたかも哲学の抽象性を拒否して、「言説」や「権力」のように実証可能な具体的次元に思想を移動させたことだけが、彼の功績であったかのように。フーコーの問題提起は、まるで彼にとって「歴史」や「社会」があたかも自明のものであったかのように、歴史学や社会学の次元に吸収された。しかし彼の問題提起は、まさに彼のいう「考古学」によって「歴史」そのものを問い、「言説」と「権力」を解読することによって、「社会」の構成そのものを問うことであった。実は人文科学の方法の根幹にかかわる姿勢の変更がそこでは試みられていた。

歴史、社会、そして政治にかかわる認識に新しいパラダイムを提供しえたことは、すでにフーコーの〈探求〉が画期的なものであったことの効果であるといえる。けれどもフーコーが最初の記念碑的な著作『狂気の歴史』、『臨床医学の誕生』、『言葉と物』をふり返りながら、『知の考古学』という相当に難解な本を書き、あらためて「知」をどのような問題として提起したかということは、ほとんど忘却された。その後に書かれる『監獄の誕生』、『知への意志』(『性の歴史I』)のほうが、権力の問題を、刑罰(一望監視装置)そして性、生政治学のほうに移動させる提案として、はるかに積極的に読まれることになった。そして長い空白の後フーコーは、最後の二冊の本では、ほとんど哲学的考察を抑制し、ギリシャ・ローマにおける性道徳の形成を〈自己形成の様式〉としてたどるという試みをほぼ終えたところで病に倒れる。結局、いくつかの著作がめざましいインパクトを与えたとはいえ、彼が『知の考古学』を書いて、自分の研究が一体何を、どのように問題化したのか問い、知という「地層」がどのような素材を、どのように形式化したかと問うたことの意味を、その後の展開においてもさらに問うという課題が残されていた。実はさまざまな機会に、フーコーは自己の思想の変化それ自体を問い続けており、主要著作以外の数々の文献によってそれをたどることができる。それらの軌跡は、『知の考古学』の続編として、たとえば『力の考古学』のような本にたどりついたかもしれない。突然中断されたフーコーの生と思想の軌跡は、そんなことを仮想させるのだ。

ドゥルーズが試みたのは、まさにそのような本を書くことであった。もちろんフーコー自身よりも、むしろドゥルーズがそのような本を必要とし、実際に書いたのである。彼はまさに『知の考古学』を、とりわけ「言表」とは何かをめぐって読解することから始めている。そして初期の大作における「言表」と、とりわけ『監獄の誕生』で取り上げられる「可視性」という二つの地層をあらたに定義している。ドゥルーズにとってそれは『千のプラトー』でガタリとともに展開した「表現」と「内容」というカテゴリーに対応する。この二つの間には明白な断絶があり、にもかかわらず互いは干渉しあうのである。

ドゥルーズはフーコーとともに、現象学を批判する。現象学はまさに「言表」の彼方に、野生の、無垢の「可視性」を想定したからである。ところが言表と可視性の間には、まるでオフヴォイスの映画における音声と映像のように断絶があって、二つが一致しているのはあくまで仮の編成の結果にすぎない。言説と可視性（これらは知の二つの次元を構成する）には地層として安定的な形式がもたらされるが、この安定は、あくまで安定しない力の流動から出現するだけである。この「第三」の地層化されない次元を、ドゥルーズは「権力」と名づけ、「ダイアグラム」とも名づけている。「ダイアグラム」も、やはり『千のプラトー』の中心概念のひとつであった。

それなら初期の著作において、主体や自己を、言表の効果にすぎないものと考え、一貫して批判したフーコーは、なぜギリシャ・ローマの文献を読みながら、古代の性道徳とともに「自己への配慮」に関心をもつようになったのか。最後のフーコーが、「権力」から、「自己」に問題を移したことは、まったく謎めいて見えたのである。

この点に関してドゥルーズは、フーコー自身よりも大胆に、この「自己」を力の流動の次元に直接触れる「襞」として、肯定的に定義している。このような自己形成（自己との関係）は、言表と可視性という形式‐地層ではなく、地層の「外」の力の次元をじかに「内」に折りたたんだ襞であって、これはキリスト教の自己とも、近代の自己とも異なるトポロジーを形成するという。この本の後半部で、ますます頻繁に「襞」という言葉を反復し、これに本質的な意味を注入するドゥルーズにとっては、ライプニッツとともに「襞」を思考することが、やがて次の課題になるのである。

ドゥルーズ自身の言語哲学の軌跡に照らしてみるなら、それはフーコーの「言表」とどこで交わるのだろうか。奇しくも『知の考古学』と同じ年（一九六九年）に発表される『意味の論理学』で彼は、論理学的命題とも、言語学的な意味作用とも異なったところに「意味 sens」を定義し、それを「物の状態」（可視性）と断絶した「表層」として提出している。ところがフーコーの「言表」にもそのような反言語学的、反論理学的次元を見ると同時に、やはりフーコーに忠実に、ドゥルーズはあくまで「言表」を、ある実定性、プラグマティスムにかかわるもの、ある「機能」として捉えてもいるのだ。ドゥルーズ自身は、『千のプラトー』の「言語学の公準」の章で、言語のプラグマティスムを命令の機能（指令語）として定義している。これによって言語は、明白に力関係に介入するのである。そして『シネマ』においては、あくまで言語（学）をモデルにしない「記号論」を提唱しながら、集団的な言語行為の創造という方向に映画の未来を見ているのだ。

言語のプラグマティスムは、こうしてドゥルーズの中で、実に大きな主題に成長していった。そしてフーコー論の最後では、未来の人間とは「言語‐存在」にみたされる人間である、と述べて締めくくっている。このようなドゥルーズの言語論は決して集中的に展開されたことはなく、いろいろな場面に散布している。このことの意味は、おそらく小さくない。あたかもドゥルーズは、言語自体について問うよりも、言語において交錯する様々な出来事のほうに注意を向け続けたようなのだ。

そして「身体」は、ドゥルーズにとっても、フーコーにとっても、もうひとつの重要な問題であった。『臨床医学の誕生』はすでに「身体」をめぐる医学の言表がいかに「身体」を新たな「可視性」として構成したかを考察している。しかしフーコーが「力」との関係において「身体」をはっきり問題化するのは、とりわけ監獄、軍隊、工場、学校における身体の「調教」について語るときである。それならドゥルーズが終始問題にし続けた「器官なき身体」は、このフーコー論の地図のどこに位置するのだろうか。それはとりわけ無形の力の混沌において、そのダイアグラムのなかで振動する無形の身体であり、力とは、そのような身体の力である。一方には調教される身体があり、それはいわば「可視性」の次元にあり、たえず「可視性」として形成され、調教される。「可視性」とは単に視覚にかかわるのではなく、あらゆる知覚の形成にかかわり、いわば知覚とともに身体を形成することでもある。身体は調教され、生は監視される。権力は精密に組織されて、身体と生に対する権力となり、しばしばむき出しの暴力となる。「器官なき身体」は、そのような監視と暴力の外にある力の次元である。おそらくこのような次元を、じかに折りたたむ自己形成はありうるか、という問いが、あいかわらずある。当然ギリシャ人とは異なる仕方で……。
生は、たえず人間的次元（ビオス）と動物的次元（ゾーエ）の間で振動している。権力に形を与えられながらも振動している。しかしそのような形の外の次元でも、生は振動している。器官なき（単なる）生の場所がそこに広がっている。フーコーの思考が、ただあらゆる形式の精密な考察に終わっていたなら、ドゥルーズは決してこんなに精魂を込めたフーコー論を書きはしなかっただろう。フーコーの犀利な省察のいたるところに、無形の力、器官なき生が、形式を引き裂いて流動していた。フーコーの厳密な思索に、これほどのカオスを感知しえたということ、まさにこの点でドゥルーズの思想的資質が目覚ましく発揮された本といえる。

一九八七年に単行本として、一九九九年にはその新装版として出版されたこの訳書を河出文庫に収録するにあたって、新たに訳文を推敲し、いささか訳語を変更し、誤りや遺漏をできるだけ修正するようにした。フーコー関係の書誌も、新たに入手しやすいものをあげるようにした。

二〇〇七年六月　宇野邦一

本書は、一九八七年に河出書房新社より
単行本として刊行されました。

フーコー

二〇〇七年 八 月二〇日 初版発行
二〇二五年 三 月二〇日 8刷発行

著 者 G・ドゥルーズ
訳 者 宇野《うの》邦一《くにいち》

発行者 小野寺優
発行所 株式会社河出書房新社
〒一六二-八五四四
東京都新宿区東五軒町二-一三
電話〇三-三四〇四-八六一一（編集）
〇三-三四〇四-一二〇一（営業）
https://www.kawade.co.jp/

ロゴ・表紙デザイン 粟津潔
本文フォーマット 佐々木暁
印刷・製本 大日本印刷株式会社

定価はカバーに表示してあります。
落丁本・乱丁本はおとりかえいたします。

Printed in Japan ISBN978-4-309-46294-3

## 神の裁きと訣別するため

アントナン・アルトー　宇野邦一／鈴木創士〔訳〕　46275-2

「器官なき身体」をうたうアルトー最後の、そして究極の叫びである表題作、自身の試練のすべてを賭けて「ゴッホは狂人ではなかった」と論じる35年目の新訳による「ヴァン・ゴッホ」。激烈な思考を凝縮した2篇。

## ユング　地下の大王

コリン・ウィルソン　安田一郎〔訳〕　46127-4

現代人の精神的貧困の原因とその克服を一貫して問い続けてきた著者が、オカルト、共時性、易、錬金術、能動的想像等、ユングの神秘的側面に光をあて、ユング思想の発展を伝記と関連させて明快に説いた力作。

## 百頭女

マックス・エルンスト　巖谷國士〔訳〕　46147-2

古いノスタルジアをかきたてる漆黒の幻想コラージュ一四七葉——永遠の女「百頭女」と怪鳥ロプロプが繰り広げる奇々怪々の物語。エルンストの夢幻世界、コラージュロマンの集大成。今世紀最大の奇書！

## 慈善週間　または七大元素

マックス・エルンスト　巖谷國士〔訳〕　46170-0

自然界を構成する元素たちを自由に結合させ変容させるコラージュの魔法、イメージの錬金術!!　巻末に貴重な論文を付し、コラージュロマン三部作、遂に完結。今世紀最大の芸術家エルンストの真の姿がここに!!

## 見えない都市

イタロ・カルヴィーノ　米川良夫〔訳〕　46229-5

現代イタリア文学を代表し世界的に注目され続けている著者の名作。マルコ・ポーロがフビライ汗の寵臣となって、様々な空想都市（巨大都市、無形都市など）の奇妙で不思議な報告を描く幻想小説の極致。解説＝柳瀬尚紀

## 不在の騎士

イタロ・カルヴィーノ　米川良夫〔訳〕　46261-5

中世騎士道の時代、フランス軍勇将のなかにかなり風変わりな騎士がいた。甲冑のなかは、空っぽ……。空想的な《歴史》三部作の一つで、現代への寓意を込めながら奇想天外さと冒険に満ちた愉しい傑作小説。

## ファニー・ヒル

ジョン・クレランド　吉田健一〔訳〕　46175-5

ロンドンで娼婦となった少女ファニーが快楽を通じて成熟してゆく。性の歓びをこれほど優雅におおらかに描いた小説はないと評される、214年の禁をとかれ世に出た名著。流麗な吉田健一訳の、無削除完訳版。

## ロベルトは今夜

ピエール・クロソウスキー　若林真〔訳〕　46268-4

自宅を訪問する男を相手構わず妻ロベルトに近づかせて不倫の関係を結ばせる夫オクターヴ。「歓待の掟」にとらわれ、原罪に対して自己超越を極めようとする行為の果てには何が待っているのか。衝撃の神学小説！

## 路上

ジャック・ケルアック　福田実〔訳〕　46006-2

スピード、セックス、モダン・ジャズ、そしてマリファナ……。既成の価値を吹きとばし、新しい感覚を叩きつけた1950年代の反逆者たち。本書は、彼らビートやヒッピーのバイブルであった。現代アメリカ文学の原点。

## 孤独な旅人

ジャック・ケルアック　中上哲夫〔訳〕　46248-6

『路上』によって一躍ベストセラー作家となったケルアックが、サンフランシスコ、メキシコ、ＮＹ、カナダ国境、モロッコ、南仏、パリ、ロンドンに至る体験を、詩的で瞑想的な文体で生き生きと描いた魅惑的な一冊。

## ポトマック

ジャン・コクトー　澁澤龍彥〔訳〕　46192-2

ジャン・コクトーの実質的な処女作であり、20代の澁澤龍彥が最も愛して翻訳した《青春の書》。軽やかで哀しい《怪物》たちのスラップスティック・コメディ。コクトーによる魅力的なデッサンを多数収録。

## 大胯びらき

ジャン・コクトー　澁澤龍彥〔訳〕　46228-8

「大胯びらき」とはバレエの用語で胯が床につくまで両脚を広げること。この小説では、少年期と青年期の間の大きな距離を暗示している。数々の前衛芸術家たちと交友した天才詩人の名作。澁澤訳による傑作集。

## 残酷な女たち

L・ザッヘル＝マゾッホ　飯吉光夫／池田信雄〔訳〕　46243-1

８人の紳士をそれぞれ熊皮に入れ檻の中で調教する侯爵夫人の話など、滑稽かつ不気味な短篇集の表題作の他、女帝マリア・テレジアを主人公とした「風紀委員会」、御伽噺のような奇譚「醜の美学」を収録。

## 毛皮を着たヴィーナス

L・ザッヘル＝マゾッホ　種村季弘〔訳〕　46244-8

サディズムと並び称されるマゾヒズムの語源を生みだしたザッヘル＝マゾッホの代表作。東欧カルパチアとフィレンツェを舞台に、毛皮の似合う美しい貴婦人と青年の苦悩と快楽を幻想的に描いた傑作長編。

## 恋の罪

マルキ・ド・サド　澁澤龍彦〔訳〕　46046-8

ヴァンセンヌ獄中で書かれた処女作「末期の対話」をはじめ、50篇にのぼる中・短篇の中から精選されたサドの短篇傑作集。短篇作家としてのサドの魅力をあますところなく伝える13篇を収録。

## 悪徳の栄え　上・下

マルキ・ド・サド　澁澤龍彦〔訳〕　上／46077-2　下／46078-9

美徳を信じたがゆえに身を滅ぼす妹ジュスティーヌと対をなす姉ジュリエットの物語。悪徳を信じ、さまざまな背徳の行為を実践する悪女の遍歴を通じて、悪の哲学を高らかに宣言するサドの長編幻想奇譚!!

## ブレストの乱暴者

ジャン・ジュネ　澁澤龍彦〔訳〕　46224-0

霧が立ちこめる港町ブレストを舞台に、言葉の魔術師ジャン・ジュネが描く、愛と裏切りの物語。“分身・殺人・同性愛”をテーマに、サルトルやデリダを驚愕させた現代文学の極北が、澁澤龍彦の名訳で今、蘇る!!

## 飛ぶのが怖い

エリカ・ジョング　柳瀬尚紀〔訳〕　46250-9

1973年にアメリカで刊行されるや、600万部の大ベストセラーになり、ヘンリー・ミラーやアップダイクが絶賛した新しい女性の文学。性愛をテーマにしながらもユーモラスな傑作。装画・あとがき＝山本容子

## なしくずしの死　上・下

L-F・セリーヌ　高坂和彦〔訳〕　上／46219-6　下／46220-2

反抗と罵りと怒りを爆発させ、人生のあらゆる問いに対して〈ノン！〉を浴びせる、狂憤に満ちた「悪魔の書」。その恐るべきアナーキーな破壊的文体で、20世紀の最も重要な衝撃作のひとつとなった。待望の文庫化。

## モデラート・カンタービレ

マルグリット・デュラス　田中倫郎〔訳〕　46013-0

自分の所属している社会からの脱出を漠然と願う人妻アンヌ。偶然目撃した情痴殺人事件の現場。酒場で知り合った男性ショーヴァンとの会話は事件をなぞって展開する……。現代フランスの珠玉の名作。映画化。

## 北の愛人

マルグリット・デュラス　清水徹〔訳〕　46161-8

『愛人——ラマン』（1992年映画化）のモデルだった中国人が亡くなったことを知ったデュラスは、「華北の愛人と少女の物語」を再度一気に書き上げた。狂おしいほどの幸福感に満ちた作品。

## アンチ・オイディプス　上・下　資本主義と分裂症

ジル・ドゥルーズ／フェリックス・ガタリ　宇野邦一〔訳〕　上／46280-6　下／46281-3

最初の訳から20年目にして“新訳”で送るドゥルーズ＝ガタリの歴史的名著。「器官なき身体」から、国家と資本主義をラディカルに批判しつつ、分裂分析へ向かう本書は、いまこそ読みなおされなければならない。

## 碾臼

マーガレット・ドラブル　小野寺健〔訳〕　46001-7

たった一度のふれあいで思いがけなく妊娠してしまった未婚の女性ロザマンド。狼狽しながらも彼女は、ひとりで子供を産み、育てる決心をする。愛と生への目覚めを爽やかに描くイギリスの大ベストセラー。

## 太陽がいっぱい

パトリシア・ハイスミス　佐宗鈴夫〔訳〕　46125-0

地中海のまぶしい陽の中、友情と劣等感の間でゆれるトム・リプリーは、友人殺しの完全犯罪を思い立つ——。原作の魅惑的心理描写により、映画の苦く切ない感動が蘇るハイスミスの出世作！　リプリー・シリーズ第一弾。

## 死者と踊るリプリー

パトリシア・ハイスミス　佐宗鈴夫〔訳〕　46237-0

《トム・リプリー・シリーズ》完結篇。後ろ暗い過去をもつトム・リプリー。彼が殺した男の亡霊のような怪しいアメリカ人夫婦の存在が彼を不気味に悩ませていく。『贋作』の続篇。

## 眼球譚［初稿］

オーシュ卿（G・バタイユ）　生田耕作〔訳〕　46227-1

20世紀最大の思想家・文学者のひとりであるバタイユの衝撃に満ちた処女小説。1928年にオーシュ卿という匿名で地下出版された当時の初版で読む危険なエロティシズムの極北。恐るべきバタイユ思想の根底。

## 空の青み

ジョルジュ・バタイユ　伊東守男〔訳〕　46246-2

20世紀最大の思想家の一人であるバタイユが、死とエロスの極点を描いた1935年の小説。ロンドンやパリ、そして動乱のバルセローナを舞台に、謎めく女たちとの異常な愛の交錯を描く傑作。

## 裸のランチ

ウィリアム・バロウズ　鮎川信夫〔訳〕　46231-8

クローネンバーグが映画化したW・バロウズの代表作にして、ケルアックやギンズバーグなどビートニク文学の中でも最高峰作品。麻薬中毒の幻覚や混乱した超現実的イメージが全く前衛的な世界へ誘う。解説＝山形浩生

## ジャンキー

ウィリアム・バロウズ　鮎川信夫〔訳〕　山形浩生〔解説〕　46240-0

『裸のランチ』によって驚異的な反響を巻き起こしたバロウズの最初の小説。ジャンキーとは回復不能になった麻薬常用者のことで、著者の自伝的色彩が濃い。肉体と精神の間で生の極限を描いた非合法の世界。

## 時間割

ミシェル・ビュトール　清水徹〔訳〕　46284-4

濃霧と煤煙に包まれた都市ブレストンの底知れぬ暗鬱の中に暮した主人公ルヴェルの一年間の時間割を追い、神話と土地の霊がひき起こす事件の細部をミステリーのように構成した、鬼才ビュトールの最高傑作。

## 詩人と女たち

チャールズ・ブコウスキー　中川五郎〔訳〕　46160-1

現代アメリカ文学のアウトサイダー、ブコウスキー。50歳になる詩人チナスキーことアル中のギャンブラーに自らを重ね、女たちとの破天荒な生活を、卑語俗語まみれの過激な文体で描く自伝的長編小説。

## くそったれ！少年時代

チャールズ・ブコウスキー　中川五郎〔訳〕　46191-5

1930年代のロサンジェルス。大恐慌に見舞われ失業者のあふれる下町を舞台に、父親との確執、大人への不信、容貌への劣等感に悩みながら思春期を過ごす多感な少年の成長物語。ブコウスキーの自伝的長編小説。

## 死をポケットに入れて

C・ブコウスキー　中川五郎〔訳〕　ロバート・クラム〔画〕　46218-9

老いて一層パンクにハードに突っ走るBUKの痛快日記。50年愛用のタイプライターを70歳にしてMacに変え、文学を、人生を、老いと死を語る。カウンター・カルチャーのヒーロー、R・クラムのイラスト満載。

## ブコウスキーの酔いどれ紀行

C・ブコウスキー　マイケル・モントフォート〔写真〕　中川五郎〔訳〕　46233-2

故国ドイツへの旅の模様を、80数点の貴重な写真と共につづる紀行エッセイ。ブコウスキーの生の声を満載し、彼の人生観、その素顔が存分に味わえる、痛快なドキュメント。町田康による文庫版解説も傑作。

## 倦怠

アルベルト・モラヴィア　河盛好蔵／脇功〔訳〕　46201-1

ルイ・デリュック賞受賞のフランス映画「倦怠」（C・カーン監督）の原作。空虚な生活を送る画学生が美しき肉体の少女に惹かれ、次第に不条理な裏切りに翻弄されるイタリアの巨匠モラヴィアの代表作。

## さかしま

J・K・ユイスマンス　澁澤龍彦〔訳〕　46221-9

三島由紀夫をして“デカダンスの「聖書」”と言わしめた幻の名作。ひとつの部屋に閉じこもり、自らの趣味の小宇宙を築き上げた主人公デ・ゼッサントの数奇な生涯。澁澤龍彦が最も気に入っていた翻訳。

## 三島あるいは空虚のヴィジョン

M・ユルスナール　澁澤龍彥〔訳〕　46143-4

『ハドリアヌス帝の回想』で知られるヨーロッパ第一級の文学者ユルスナールが、三島由紀夫の死の謎と作品世界における中心主題である"空虚"に正面から迫った異色の論考。澁澤龍彥の流麗な翻訳で甦る。

## 山猫

G・T・ランペドゥーサ　佐藤朔〔訳〕　46249-3

イタリア統一戦線のさなか、崩れ行く旧体制に殉じようとするシチリアの一貴族サリーナ公ドン・ファブリツィオの物語。貴族社会の没落、若者の奔放な生、自らに迫りつつある死……。巨匠ヴィスコンティが映画化！

## O嬢の物語

ポーリーヌ・レアージュ　澁澤龍彥〔訳〕　46105-2

女主人公の魂の告白を通して、自己の肉体の遍歴を回想したこの物語は、人間性の奥底にひそむ非合理な衝動をえぐりだした真に恐れるべき恋愛小説の傑作として多くの批評家に激賞された。ドゥー・マゴ賞受賞！

## インディアン魂　上・下　レイム・ディアー

J・F・レイム・ディアー〔口述〕 R・アードス〔編〕 北山耕平〔訳〕　上／46179-3　下／46180-9

最後のアメリカ・インディアン、スー族の古老が、未来を担う子どもたちのために「自然」の力を回復する知恵と本来の人間の生き方を語る痛快にして力強い自伝。（『レイム・ディアー』改題）

## 風の博物誌　上・下

ライアル・ワトソン　木幡和枝〔訳〕　上／46158-8　下／46159-5

風は地球に生命を与える天の息である。"見えないもの"の様々な姿を、諸科学・思想・文学を駆使して描き、トータルな視点からユニークな生命観を展開する、"不思議な力"の博物誌。

## シュルレアリスム

P・ワルドベルグ　巖谷國士〔訳〕　46183-0

20世紀初頭に革命的な運動として芸術界を席巻し、あらゆる既成概念を打破し続けたシュルレアリスム。重要なテクストを網羅し、貴重な図版を豊富に収録した決定版。充実した人名解説と略年表付き。